Jean-Paul Marie

Comment savoir qui marier?

Jean-Paul Marie

Comment savoir qui marier?

Pour les jeunes célibataires

Éditions Croix du Salut

Cover image: www.ingimage.com

Publisher:
Éditions Croix du Salut
is a trademark of
Dodo Books Indian Ocean Ltd. and OmniScriptum S.R.L publishing group

120 High Road, East Finchley, London, N2 9ED, United Kingdom
Str. Armeneasca 28/1, office 1, Chisinau MD-2012, Republic of Moldova, Europe
Printed at: see last page
ISBN: 978-620-6-16969-7

COMMENT SAVOIR QUI MARIER ?

Pour les jeunes célibataires

Des lèvres du Pasteur John K. Jenkins Sr

Jean-Paul Marie

COMMENT SAVOIR QUI MARIER ?

Pour les jeunes célibataires

Des lèvres du Pasteur John K. Jenkins Sr

Jean-Paul Marie

À la fille de ma promesse
Ma compagne de chemin
La mère de mes fils et filles
Anita Lucelle Binyou.
Je t'aime comme au premier jour
Merci de m'avoir accepté dans ta vigne familiale
Et d'avoir fait de moi un père heureux,
Un mari comblé et un éternel amoureux.
Immobilise, à travers ce jet bleu-rose
L'ancre du navire flottant de mon cœur
Vers ton somptueux palais d'amour. Je
t'aime princesse.
Bien plus qu'une mère de milliers de destinées Tu es
le médicament de mon âme.

Sommaire

Avant-propos

Ce n'est pas un hasard si tu tombes sur ce message. Dieu veut te préserver de l'erreur, du mauvais choix, mais il veut aussi t'encourager à persévérer dans la bonne voie, le bon choix. Tu fais partie de milliers d'âmes pour qui nous avons prié afin que leur parvienne ce message du salut. Ce message[1] ne s'adresse pas qu'aux jeunes célibataires. Il est une bénédiction pour les parents et les grands-parents qui souhaiteraient voir leurs fils et filles se marier au conjoint ou à la conjointe de leur destinée. Il est une flamme lumineuse pour les couples mariés ou divorcés. Mieux, une bénédiction pour le frère ou la sœur qui le lira et le partagera avec ses frères, ses sœurs, ses amis, ses collègues, ses patrons. Que celui ou celle qui reçoit cette parole, la garde en son cœur et la met en pratique ne connaisse point l'échec dans le mariage ! Ne garde pas le livre pour toi. Partage-le avec quelqu'un après l'avoir lu. À défaut, commande un de plus pour quelqu'un qui serait dans le besoin ! Même les païens et les athées ont besoin d'entendre cette vérité sur le mariage ! Il y a plus de bonheur à partager qu'à recevoir.

---

1 . *Enseignement tiré de l'un des sermons du Pasteur John K. Jenkins Sr qui propose des indicateurs du mariage réussi à cinq étapes, basés sur les Saintes Écritures et son expérience personnelle. En savoir plus sur le site:* ***https://johnkjenkins.com/***

À propos du pasteur John K. Jenkins Sr.

Ce livre est en grande partie inspiré des enseignements en « chaire » du pasteur John K. Jenkins sur le mariage. Le pasteur John K. Jenkins Sr. prêche la Bonne Nouvelle depuis qu'il est devenu ministre agréé en 1973 à l'âge de 15 ans. Dès son plus jeune âge, il a développé un amour pour le Seigneur et s'est senti appelé à partager l'Évangile de Jésus-Christ.

Son parcours pastoral a commencé en février 1987 en tant que pasteur principal de l'église Union Bethel à King George, en Virginie. Ses près de trois ans de pastorat se sont avérés être le terrain d'entraînement pour sa prochaine affectation. En octobre 1988, le pasteur Jenkins a appris le décès de son mentor et pasteur de son église d'origine, la First Baptist Church de Glenarden, le Dr John W. Johnson.

Un an après le décès du Dr Johnson, le pasteur Jenkins est retourné à First Baptist pour devenir le septième berger. Le fruit de son enseignement basé sur la Bible est démontré dans la croissance de ses membres d'église entre ses deux campus situés à Landover et Upper Marlboro, Md. Il a également supervisé le développement du campus en ligne florissant de l'église.

Sous la direction du pasteur Jenkins, First Baptist a fondé SHABACH! Ministries, Inc., une branche 501 (c) 3 de l'église en 1996. Aujourd'hui, il est président émérite de SMI, qui fournit des vêtements, de la nourriture, de l'éducation et d'autres ressources dans la région de Washington, DC.

Avec le soutien de sa femme, Trina, et de leur famille aimante, le pasteur Jenkins a également étendu son ministère au-delà des murs de First Baptist. En plus de son rôle de pasteur principal, il est également président du conseil d'administration de l'Association nationale des évangéliques, de Project Bridges, de la table ronde des affaires du comté de Prince George et du Skinner Institute. Le pasteur Jenkins a également fait partie des conseils d'administration de l'Université Bethel, du Denver Seminary, de l'Université du Maryland Capital Region Health, de World Vision, de Great Dads, de Teen Challenge et d'une banque locale.

Pendant deux ans, le pasteur Jenkins a été vice-président/directeur exécutif des ministères nationaux pour Converge. Converge - un mouvement de plus de 1 700 églises qui démarrent et renforcent des églises et répandent l'évangile dans le monde entier avec plus de 240 missionnaires. Il est récemment entré dans l'histoire lorsqu'il a été nommé président de Converge en août 2022, faisant de lui le premier Afro-Américain à diriger l'organisation vieille de 170 ans.

En 2022, le pasteur Jenkins a reçu un doctorat honorifique en théologie du séminaire de Denver à Littleton, CO ; et en 2001, il a reçu un doctorat honorifique en théologie de la Southern California School of Ministry à Inglewood, en Californie.

Le pasteur Jenkins a parcouru le monde pour prêcher et enseigner l'amour de Jésus-Christ. Pasteur First Baptist depuis 1989, il reste inébranlable dans sa quête pour « développer des disciples dynamiques ». Il est reconnu comme un catalyseur pour aider les individus à devenir des disciples chrétiens à vie qui suivent le Seigneur.

Malgré ses nombreuses obligations, en tant que pilote breveté, le pasteur Jenkins prend un grand plaisir à voler et considère son rôle de père de famille comme le plus grand trésor. Sa femme Trina et lui sont les fiers parents de six enfants et sept petits-enfants.

CHAPITRE 1

MARIAGE
Pourquoi la plupart des « chrétiens » échouent ?

L'expérience montre que les païens et les athées jouissent bien souvent des mariages les plus stables que les « chrétiens ». Les polygames et infidèles « réussissent » parfois mieux leur mariage, aux yeux du monde, que les chrétiens d'église. Cela n'est pas un fait de hasard. Le diable s'est installé dans leur camp. Ils n'ont pas de bataille à mener contre la chair. Le diable est farouchement opposé au mariage qui honore Dieu. Tout mariage qui n'honore pas Dieu est un mariage pour le maître du monde : Satan. C'est l'une des raisons pour lesquelles les non-chrétiens semblent avoir plus de paix et de succès dans leur « mariage » que les croyants. Ainsi, nombreux sont ceux qui ne croient plus au mariage ou en la fidélité. Cela est l'œuvre du diable. Il a un plan bien établi contre l'union divine entre l'homme et la femme. Le mariage est divin avant d'être humain. Si vous inversez l'ordre des choses, vous donnez la primauté à la chair sur l'esprit. La conséquence logique est l'échec. Un mariage chrétien réussi, c'est possible. Le fait d'être marié à l'église ne garantit pas le succès ou la réussite de ton mariage. Tout est affaire de fondement et de vérité envers soi-même.

Après Dieu, la personne qui influence le plus ta destinée, c'est celle qui partage ta vie et ton foyer. Le choix de ton futur conjoint ou de ta future conjointe est très déterminant pour le reste de tes jours à vivre sur la terre. Un seul faux pas et tout une vie tombe en ruine à cause d'un mariage faussé, déguisé, mal fondé. Il existe au moins quatre catégories de couples chrétiens : Ceux qui commencent mal et finissent mal (1), ceux qui commencent bien et finissent mal (2), ceux qui commencent mal et finissent bien (3), ceux qui commencent bien et finissent bien (4). La plupart des chrétiens qui se marient, malheureusement tombent dans les catégories 1 et 2. Très peu correspondent à la catégorie 3. Rares, très rares sont ceux qui font partie de la catégorie 4. Tout est affaire de fondement. Il n'y a pas de chance dans le mariage. Tout commence par la base que ne respectent parfois pas les jeunes couples pressés de convoler en justes noces par amour, conformisme, envie ou intérêt personnel. Raison de leur échec quelques années juste après le mariage. Ce message est une bénédiction pour les jeunes en général, les chrétiens en particulier, qui aspirent au mariage. Pour les païens, il est une révolution. Pour ceux qui sont déjà mariés et qui traversent les tribulations, il est une consolation fortifiante. Vous ne serez plus les mêmes au sortir de cette conversation.

1. Ceux qui commencent mal et finissent mal

Dans la Genèse Dieu crée Adam et lui demande de nommer les animaux.

« L'Éternel Dieu forma de la terre tous les animaux des champs et tous les oiseaux du ciel, et il les fit vernir vers l'homme, pour voir comment il les appellerait, et afin que tout être vivant porte le nom que lui donnerait l'homme. Et l'homme donna des noms à tout le bétail, aux oiseaux du ciel et à tous les animaux des champs. » (Gen 2 : 19-20)

Dieu est un Créateur d'opportunité. Il a créé des créatures (les animaux) et les a dirigées vers Adam. Il a laissé à Adam la liberté de les nommer. Pour nommer les animaux, Adam a dû se familiariser avec eux. Adam n'a pas consommé les animaux. Il les a nommés. Il n'a pas détruit les animaux, il les a nommés. La Bible ajoute : « mais, pour l'homme, il ne trouva point d'aide semblable à lui. » (Gen 2 : 20). C'est dire la période d'attente d'Adam, par une formation pratique à la vie en vue de développer sa capacité à connaître, reconnaître et nommer, était aussi une période de recherche de l'âme sœur. Dieu finalement lui fabriqua une aide semblable. C'est Dieu qui a donné à Adam sa femme. Mais avant, Adam a cherché et appris à respecter tous les êtres, dans leur corps, avec qui il vivait.

Voici là où se situe le problème des chrétiens qui commencent mal et finissent mal leur mariage : ils consomment les animaux au lieu de les nommer, au lieu de se familiariser avec eux et de les respecter. La fornication pour eux n'est pas un péché tant qu'on est célibataire. L'adultère n'est pas un péché. Ils disent : « Même le prêtre a des copines. C'est normal !...Le pasteur-là lui-même ne fait pas ? Pourquoi va-t-il m'empêcher de faire ?…Je fabrique dis donc ! Je suis en bois ?, etc. » Ce sont des « chrétiens » mondains. Ils vivent comme des païens. En réalité, ce sont des païens. La seule différence entre les païens et eux c'est le lieu d'idolâtrie : l'église pour les chrétiens mondains, les crânes pour les païens. Ce sont des chrétiens qui sont à l'église, mais n'ont pas reçu Christ et font semblant d'être chrétiens. L'Église, corps du Christ, n'est pas en eux. Ils ne font pas partie de l'Église, mais ils sont membres de l'église. Les prédications du pasteur ou du prêtre pour eux c'est de la morale, une leçon de philosophie. Ils viennent à l'église une fois l'an ou une fois le mois, quand ils ont le temps. Ils ne connaissent pas la vie de jeûne et de prière. Ils passent plus de temps au bar qu'à l'église, dans les boîtes de nuit que dans les campagnes d'évangélisation. Ils ont même été séminaristes, anciens de l'église, etc. Le prêtre ou le pasteur, c'est leur cousin, etc. Cette catégorie de chrétiens, la plupart du temps, ils ont suivi tous les sacrements (catholiques) à l'église : baptisés, communiés, confirmés, mais ils vivent le contraire de ce que la Bible recommande.

Dans cette catégorie, figure aussi ceux ou celles qui viennent à l'église sans jamais s'engager. Ils sont à l'église tous les dimanches, mais n'ont jamais pris le courage de donner leur vie à Christ par le baptême. Ils sont dans les groupes de prières, mènent une vie moins reprochable que la plupart des chrétiens dit engagés, mais n'osent pas s'engager dans une église locale. Pour eux, la foi c'est dans le cœur. Cette catégorie de personnes, qui en réalité n'est pas véritablement chrétienne, épouse en général les non-chrétiens. Et s'il arrive que leur conjoint ou leur conjointe est « chrétienne », puisque le baptême est obligatoire avant le mariage, ils ne se baptisent que parce qu'ils veulent se marier. Le mariage de ces deux types de « chrétiens » qui commencent mal est basé sur le mensonge : un faux sentiment d'amour, un intérêt ou une obligation : « je me marie à l'église parce qu'on a dit qu'il faut se marier à l'église. » **Pour eux, le mariage à l'église est une formalité et non un engagement, une conviction ou un témoignage.** Et après, ils conduisent leur mariage avec immoralité. Ils trompent leur femme, se fichent des enseignements des pasteurs ou des prêtres. Les femmes trompent leur mari, bagarrent avec leur mari, traitent leurs enfants comme des esclaves. Bref, ils témoignent au foyer tout le contraire de ce que doit être un chrétien. Mais devant les hommes, au dehors, ils paraissent être de bons chrétiens.

Dans cette catégorie, figure aussi une partie des couples déséquilibrés : l'homme est sauvé mais la femme n'est pas sauvée ; la femme est sauvée mais l'homme n'est pas sauvé. Que tout soit bel et bien clair. On peut aller à l'église tous les jours, tous les dimanches et ne pas avoir reçu Christ. Le salut c'est l'onction distinctive de ceux qui communient avec Christ en vue d'accomplir pleinement ses parfaits desseins sur la terre. Mieux c'est un acte ponctuel d'acceptation de Christ par la foi, poussé par l'Esprit à le suivre jusqu'à la Croix. On peut être engagé dans un mouvement, passer toutes ses journées au presbytère ou avec le pasteur, mais ne pas avoir reçu Christ ; l'on est un vulgaire ouvrier, un inconnu dans le temple de Dieu. Comme les mendiants qui venaient s'asseoir dans le temple sans être du temple. Ils venaient mendier, se servir et non servir Dieu. D'autres viennent même pour voler, détourner les enfants de Dieu. Ils sont nombreux ces faux chrétiens qui pullulent et empestent dans les églises. Mieux vaut épouser un athée que d'épouser ce genre de chrétiens.

Car l'athée, au moins, n'est pas hypocrite et il peut se convertir. Mais ce genre de chrétiens, ni chaud ni froid, sont en général imperméables. Ce sont eux qui, pour la plupart, ont un pied dans la tradition, un pied dans la religion ; un pied dans la religion, un pied dans les loges et les confréries. Ils sont dangereux ! Ce ne sont pas des chrétiens.

Mieux vaut être païen à 100% que d'être un faux chrétien. Car un bon païen se convertira dès lors qu'il attendra la bonne nouvelle, la parole Dieu. Mais les chrétiens qui commencent mal et finissent mal ont le cœur endurci ; ils ont fermé les portes et les fenêtres de leurs yeux, de leurs oreilles et de leur cœur à la Parole de Dieu. Ce sont des chrétiens incrédules : ils reçoivent la Parole comme l'eau frappe sur un rocher. Et Jésus lui-même te met en garde si tu fais partie de cette catégorie : « Le cœur de ce peuple est devenu insensible ; ils ont endurci leurs oreilles, et ils ont fermé leurs yeux, de peur qu'ils ne voient de leurs yeux, qu'ils n'entendent de leurs oreilles, qu'ils ne comprennent de leur cœur, qu'ils ne se convertissent, et que je ne les guérisse. » (Mt 13 : 15) Si tu as été baptisé(e) dans une église, mais tu te reconnais dans cette catégorie de chrétiens célibataires ou en couple, sache que tu as besoin de conversion : une repentance véritable. C'est l'unique condition à laquelle Jésus peut te guérir. Sinon, au dernier jour, comme l'ivraie, tu seras arraché, lié en gerbes et brûlé. Ce sont les flammes de l'enfer qui t'attendent. Qu'on ne te trompe pas. Et en ce moment, ni ta religion, ni ton prêtre, ni ton pasteur, ni ton prophète, encore moins tes frères, tes sœurs, tes parents, ton bien-aimé ou ta bien-aimée ne pourront te sauver. Repens-toi et tu seras sauvé(e).

Jésus t'a localisé. Ton problème c'est tes yeux qui calculent trop, tes oreilles qui se ferment et ton cœur qui ne veut rien comprendre. Cesse de raisonner, ouvre-bien tes oreilles et laisse ton orgueil, ton intelligence et ta sagesse pour te soumettre à la vérité de l'Évangile : « Heureux les pauvres en esprit, car le Royaume des cieux est à eux. » (Mt 5 : 3).

Seuls les enfants, c'est-à-dire ceux qui se rabaissent, s'humilient, savent qu'ils ne savent rien, même s'ils savent quelque chose et sont en même de saisir les mystères du Royaume de cieux. Si jusqu'à présent ton cœur demeure incrédule, tes oreilles se ferment et tes yeux calculent, sache que nous ne pourrions plus rien faire pour toi, c'est l'enfer qui t'attend. Car tu fais partie de la première catégorie de chrétiens incrédules que Jésus décrit : « Lorsqu'un homme écoute la parole du Royaume et ne la comprend pas, le malin vient et enlève ce qui a été semé dans son cœur : cet homme est celui qui a reçu la semence le long de chemin. » (Mt 13 : 19). Oui, tu fais partie de l'espèce de chrétiens qui ont reçu la parole de Dieu le long du chemin. Ce sont ***les chrétiens-passerelles.*** Ils passent dans les églises sans s'y établir. Tu vas une fois l'an à l'église ou quelques fois. Tu as reçu le baptême, mais tu n'es pas engagé(é) ? Ce que le prêtre ou le pasteur dit, ça le regarde lui et sa famille ? En tout cas, l'enfer là-même c'est quoi ? Ça n'existe pas ! Le paradis c'est ici sur terre. Tu te compares aux hommes de Dieu voleurs, escrocs, pédophiles, violeurs, homosexuels, menteurs et charmeurs… ? Et tu te dis : « better moi sur eux » ? Ton prêtre ou ton pasteur est un coureur de jupon ? Il t'a même dragué. Vous avez même forniqué ? Tu es devenue sa « petite amie » ? Tu ne crois plus en ce que te dit un chrétien ? Crois en Dieu, crois en la Parole et tu seras sauvé(e). Il n'y a pas deux chemins de salut pour toi à part la repentance. Si tu veux en sortir, je peux t'y conduire. J'en ai connu plusieurs cas. Ne désespère pas, même le diable habite à l'église. Car Dieu n'habite pas dans les chapelles, mais en chacun de nous (Ac 17 : 24). Tu peux encore être sauvé(e). Veux-tu faire ce pas avec moi ? Alors, confie-toi et nous t'y aiderons Sans cela, tu as décidé de te soumettre à satan. Et tu n'auras pas d'autres demeures que l'enfer.

2. Ceux qui commencent « bien » et finissent mal

C'est la catégorie principale des couples chrétiens. Ils ont suivi tout le processus religieux. Ils ont respecté tous les dogmes, mais la Parole de Dieu n'était pas ancrée en eux. C'est la fausse assurance du salut. N'est pas sauvé(e) celui ou celle qui va à l'église tous les jours, prie tous les jours, s'engage dans les mouvements, fait la charité, évangélise, etc. Si tu fais tout ça et tu mènes une vie pécheresse, tu n'as rien compris à ce que signifie « naître d'eau et d'esprit » (Jn 3 : 5). Tu es un(e) injuste. Et la bible est clair quant au sort des injustes : « Ne savez-vous pas que les injustes n'hériteront point le royaume de Dieu ? Ne vous y trompez pas : ni les impudiques, ni les idolâtres, ni les adultères, ni les homosexuels, ni les infâmes, ni les voleurs, ni les cupides, ni les ivrognes, ni les outrageux, ni les ravisseurs n'hériteront le royaume de Dieu. » (1 Co 6 : 9-10). ***Tout vice, je dis bien tout vice, même une injure ou un commérage, est une porte ouverte vers l'enfer.***

Peut-être tu es un païen ou une païenne déguisé(e). Tu es un chrétien au tombeau blanchi ? Sache que la « circoncision n'est rien et l'incirconcision n'est rien, mais l'observation des commandements de Dieu est tout. » (1 Co 7 : 19) Baptisé(e) ou pas baptisé(e), membre d'une église ou simple croyant, engagé(e) ou non engagé(e), le salut passe par l'observation des commandements de Dieu. C'est l'une des raisons pour lesquelles ceux qui commencent mal échouent : ils pensent qu'être chrétien c'est mener une vie sans obstacle, sans souci ou sans tentation. Et comme m'ont prêché certains témoins de Jéhovah, si tu es chrétien et tu vis dans le péché, par le baptême tu es déjà « sauvé ». Abomination ! Oh ! Mon Dieu ! Je n'en ferai pas un débat, car c'est le Saint-Esprit qui convainc. Je vous fais une recommandation. Fuyez toute fausse doctrine ! Car il est plus facile à un païen de se convertir qu'à un chrétien abreuvé à la fausse doctrine de se repentir. La vie chrétienne n'est pas une vie de mirage. Ne prenez pas la parole de Dieu à la légère. Ne mariez pas un inconverti ou une inconvertie. Rassure-toi que ton partenaire est sauvé(e) avant de lui dire oui. Sinon, vous serez heureux d'avoir célébré un « bon mariage ». Vous direz « oh ! Je suis dans la joie. Je suis dans l'émotion. J'ai trouvé mon gars. On s'est enfin marié à l'église et à la mairie. Nous sommes chrétiens. » Vous avez bien commencé, mais vous finirez mal. 99% de ces types de mariage chrétiens connaissent l'infidélité (copines, 1er, 2ème bureau, etc.), la polygamie, l'idolâtrie et/ ou le divorce. Le mariage a été simplement une formalité fidèlement religieuse, appliquée avec succès par tous les deux.

Dans cette catégorie se trouvent aussi les vrais chrétiens qui ont forcé ou convaincu des païens de se marier à l'église sans que ceux-ci ou celles-ci ne soient réellement sauvé(e)s. Vous avez eu de la joie, vous avez été dans l'émotion mais vous vous êtes menti à tous les deux. C'est un mariage voué à l'échec, fondé sur le mensonge. Pourtant, vous y avez tout investi, votre temps, votre argent. Vous avez même suivi avec succès les cours de préparation au mariage, mais l'un ou l'une de vous n'était pas sauvé(e). Et vous avez célébré ! Et vous avez fanfaronné dans la ville : « vivent les mariés ! » Et vous avez dansé sur les musiques mondaines jusqu'au petit matin. Et vous étiez heureux, mais depuis quelques mois seulement, quelques années après, ton mariage vire au cauchemar. Tu as découvert une triste réalité sur ton partenaire. Vous faites face à une difficulté qui affecte votre mariage. Ton mari a été envouté. Ta femme est rentrée dans le monde. Et finalement, vous avez tout lâché : *« Le mariage à l'église-là même, ça nous a finalement apporté quoi ? On est engagé à l'église, mais nous sommes les derniers en tout. Nos voisins sont païens. Ils s'entendent mieux et réussissent mieux que nous. Mieux vaut faire comme les autres. »* **C'est la deuxième catégorie de couples chrétiens : ceux qui ont reçu la semence dans les endroits pierreux,** ceux qui entendent la parole et la reçoivent aussitôt avec joie ; mais ils n'ont pas les racines en eux-mêmes, ils manquent de persistance, et, dès que survient une tribulation ou une persécution à cause de la parole, ils y trouvent une occasion de chute. (Mt 13 : 21) Je le dis bien, c'est la catégorie principale des chrétiens mariés. Dieu n'a pas été enraciné dans ton cœur, pourtant tu avais la volonté. Tu fuis les obstacles du mariage au lieu de les affronter. Ici, tu as premièrement besoin de t'armer de courage et de prière pour affronter ces obstacles. Tu dois chercher Dieu dans la profondeur de la Bible et les profondeurs de ton être par le jeûne et la prière. Et si tu es responsable de l'échec de votre mariage, il faut te repentir. Et si c'est lui ou elle qui en est le ou la responsable, pardonne à ton partenaire après sa repentance. Quand tu liras « Communier avec Dieu », une autre série de ce projet d'Évangile par l'écriture, tu sauras reconnaître si ton partenaire s'est véritablement repenti ou pas. Ne l'embrasse à nouveau que si tu as l'assurance qu'il ou elle est sauvé(e). Ne divorce pas, courage ! La soif de Dieu te justifiera. As-tu cette soif ? Veux-tu apprendre comment développer cette soif ? N'hésite pas à te confier à un homme de Dieu oint, vous en sortirez victorieux !

3. Ceux qui commencent mal et finissent bien

En tant que chrétien, j'ai très mal commencé ma marche avec Dieu. La plupart des chrétiens célibataires se reconnaîtront dans cette étape. Tu veux bien faire, mais tu finis par mal faire. Ce sont des jeunes adamites. Ils ont succombé à la tentation, au désir, à la chair, malgré leur volonté de plaire à Dieu et de lui rester fidèle. Ils dévorent les animaux du jardin au lieu de les nommer. Ils tirent sur tout ce qui bouge : la séduction du monde et ses plaisirs. L'amour de l'argent et des biens matériels. Au fond de toi, tu aimes Dieu. Tu es un chrétien honnête et sincère. Tu es fidèle à presque tous les commandements sauf un : la fornication, l'adultère, l'amour de l'argent, la célébrité ou les honneurs. Sache que les fornicateurs et tous les mondains vont en enfer. Le monde de la fornication et de l'adultère est en général rattaché à la célébrité, au pouvoir ou à la prospérité. Le métier que tu exerces t'éloigne de Dieu ? Tu es un homme ou une femme convoité (e) ? Cela te donne des airs ? Et malgré ta promesse de demeurer chaste jusqu'au mariage, tu es tombé(e) dans le péché ? Non, tu ne le voulais pas mais tu aimes ce garçon, tu aimes cette fille ? C'est plus fort que vous ? Jésus te dit : « celui qui aime son père ou sa mère plus que moi n'est pas digne de moi, et celui qui aime son fils ou sa fille plus que moi n'est pas digne de moi. » (Mt 10 : 37) Tu peux continuer avec la suite : si tu aimes ton fiancé ou ta fiancée plus que Jésus, ton mari ou ta femme plus que Jésus, tu n'es pas digne du Royaume des cieux.

Je vais te faire un témoignage qui va te bouleverser. J'avais une amie que je n'ai jamais connue sexuellement. Mais je l'ai convoitée dans mon cœur et à plusieurs reprises, nous avons commis le pelotage, forme de fornication, adultère. Nous avions en projet de nous marier, mais bien après elle a reçu l'appel pour le couvent. J'ai passé cinq années à l'attendre, mais je vivais toujours dans le péché. À un moment, j'ai commencé à regretter. Je me suis dit : « j'aurai dû l'enceinter ». Or, cette fille a été courageuse. Elle a été digne de Jésus. Et si aujourd'hui je peux te parler de ce Jésus, c'est grâce à elle. Peut-être tu te dis, comme moi auparavant : « on peut faire nos enfants avant de se marier ! » ; « Non non non ! On va forniquer et se confesser après » ; « En tout cas, si elle tombe enceinte de moi, je la marie une fois… Si je tombe enceinte de lui, on ira une fois voir nos parents, etc. » C'est un mensonge du diable. Ne regarde pas tes voisines et tes amies qui sont mères d'enfants ou mariées. **Chacun a son étoile,**

chacun a sa destinée. La lune éclaire la nuit et le soleil le jour. Ces deux entités ne sont en aucun cas assimilables.

Moi aussi je suis tombé dans ce piège et je l'ai regretté amèrement. Une seule indiscrétion et tout m'a été fatale. Et j'ai pris six mois pour m'en remettre. Car mon âme avait soif de Dieu et je continue d'en avoir soif de lui. As-tu soif de Dieu, mais tu te sens attiré(e) par le monde ? Sache que satan est le père du mensonge. Si tu ne te remets pas sur les bonnes railles, tu finiras dans ses griffes. **Tu as peut-être très mal commencé, mais tu as de très bonnes chances de bien terminer.** Considère cette expérience du péché comme une leçon de vie, une raison pour ne plus jamais rentrer en arrière. Laisse l'Égypte avec toutes ses attractions et trésors, va vers Canaan ! Le chemin sera pénible, mais à la fin vous réussirez, vous serez heureux et votre couple pourra témoigner ensemble, avec vos enfants, de votre salut en Jésus-Christ. Mais si tu ne le fais pas, à cause de tes peurs, craintes ou sentiments, voici ce qui attend la troisième catégorie de couples chrétiens : ceux qui ont reçu la semence parmi les épines, ceux qui entendent la parole mais **les soucis de ce siècle et la séduction des richesses étouffent cette parole et la rendent infructueuse.** (Mt 13 : 22) Ta famille peut constituer une épine. Elle peut te décourager à observer le mariage chrétien. L'environnement dans lequel tu vis peut constituer une épine : dans ton quartier, tout le monde à plusieurs gars, toutes tes amies ont plusieurs sponsors. C'est la mode ! Tu es à l'église à 18h et tout juste après tu vas en boîte toute la nuit pour danser « coller la petite » ou « ça sort comme ça sort ». Tu aimes Dieu, mais tu n'aimes pas ses commandements ? Sache que la Parole de Dieu ne portera pas ses fruits en toi.

Tu seras au final un chrétien mort, à la merci du monde dont le maître est Lucifer. **Tu fais partie des chrétiens bons dans leur cœur, mais qui ont un pied dans le monde, un pied à l'église.** Sépare-toi des épines, sors des épines. Débarrasse-toi de tout ce qui t'empêche de suivre fidèlement Christ. Coupe ton œil, coupe ton pied et jette-les loin de toi ! Car là où est ton trésor, là aussi sera ton cœur. Le chrétien n'a d'autre trésor que Jésus.

Mon frère, ma sœur, peut-être tu es prêt(e) pour le mariage, mais tu passes ton temps à « goutter toutes les graines d'arachide » qui passent sur ton chemin ! La vie de fornication te détruira. Arrête cette vie. Tu as mal commencé, mais tu peux encore bien terminer. Peut-être, tu ne parviens pas à te marier parce que tu as l'embarras du choix. Je te dis, choisis le fiancé ou la fiancée, le garçon ou la fille qui a fait de Jésus son trésor. Même s'il n'est pas beau ou riche comme le païen ou le faux chrétien que tu crois aimer ; même si elle n'est pas belle ou élégante comme la païenne ou la fausse chrétienne que tu crois aimer. N'épouse pas un inconverti ou une inconvertie. Ils sont du monde ! Elles sont du monde ! Sépare-toi d'eux ! Sépare-toi d'elles. Va vers celui ou celle qui aura compris ce secret de Jésus : « Le royaume des cieux est encore semblable à un trésor caché dans un champ. L'homme qui l'a trouvé le cache ; et dans la joie, il va vendre tout ce qu'il a et achète ce champ. » (Mt 13 : 44)

Lorsque j'ai saisi cette vérité biblique, j'ai dit à ma copine que c'était fini entre nous. Et je lui ai demandé de me pardonner d'avoir forniqué. J'ai été tenté de rentrer en arrière, d'espérer qu'elle se convertisse, malgré qu'elle m'ait annoncé deux semaines plus tard une grossesse. Mais je devais choisir entre elle ou Jésus. Je lui ai donné une condition : le mariage entre nous sera possible, si elle accepte que la fornication est un péché et qu'on se repente de tous les autres péchés commis et en répare les torts. Sans cela, notre relation n'aura été qu'une erreur de jeunesse. Pourtant, je me suis engagé à assumer mes responsabilités quant à sa grossesse, même si je n'avais aucune assurance d'en être l'auteur. Pour de nombreux chrétiens, forniquer n'est pas un péché. Même si tu forniques avec la femme que tu comptes marier, lorsque vous n'êtes pas mariés, c'est un adultère. Et avant de vous marier, vous devez confesser cela, et renoncer à votre ancienne vie.

Jésus est une perle de grand prix (Mt 13 : 45) Vends tout ce que tu as pour l'acheter. La femme qui a Jésus est une perle de grand prix, c'est elle que tu dois choisir. Ne fais pas le mauvais choix. L'homme qui a Jésus est une perle de grand prix, c'est lui que tu dois épouser, ne tombe pas dans le piège du fiancé riche ou mignon. Demain, tu n'auras que tes beaux yeux pour pleurer. Cela ne veut pas dire que les hommes photogéniques et beaux ne peuvent pas choisir Jésus ! Il y a des hommes très beaux, comme des dieux, et très riches, comme des princes saoudiens, qui craignent et servent Dieu. Mais la question est la suivante : l'homme riche ou très beau que tu veux épouser, est-il sauvé ? S'il n'est pas sauvé, conduis-le sur le chemin de la repentance avant de vous marier, si tu l'aimes. S'il refuse de donner sa vie à Jésus-Christ, laisse-le avec sa beauté ou ses richesses et va vers celui qui a donné sa vie à Jésus-Christ, même s'il n'est pas aussi riche ou beau que le premier. Il en est de même pour le jeune homme envers sa prétendante. Si tu sais prier, chercher, demander, frapper, patienter et espérer, Dieu te donnera un mari ou une femme qui Le craint, et te surprendra au-delà de tes attentes en termes de beauté, d'élégance, d'intelligence de sagesse ou de richesse. Cette parole prophétique est pour toi, reçois là !

4. Ceux qui commencent bien et finissent bien

« Heureux l'homme qui craint l'Éternel et qui trouve un grand plaisir en ses commandements. Sa postérité sera puissante sur la terre. La génération des hommes droits sera bénie. » (Ps 112 : 1-2)

Voici la catégorie des couples choyés de Dieu. Si tu te trouves dans cette catégorie, estime-toi heureux. Mais ne considère pas ce statut acquis. Il faut continuer à œuvrer dans le Royaume et pour le Royaume. Accomplis avec ton époux ou ton épouse, vos enfants et vos belles familles le maximum d'œuvres pour le Seigneur. Vous êtes la bonne semence, les fils et filles du Royaume (Mt 13 : 38). Vous devez porter beaucoup de fruits et vos fruits doivent porter beaucoup de bonnes semences. Ne vous moquez pas de ceux qui tombent ou ceux qui rétrogradent. Ne vous vantez pas non plus. Soutenez-les dans la prière et par vos conseils. Veillez et priez pour que votre couple ne fléchisse et que tous vos enfants suivent vos pas. Le danger qui guette ce genre de couple, c'est la semence. Le diable fait tout et tout pour ramener vos enfants à lui. Alors, veillez sur vos enfants et partagez avec eux la Parole. Offrez-leur de la nourriture spirituelle au lieu de leur donner de la nourriture mondaine. Dieu t'a béni avec un bon mari, une bonne femme ? Alors prie pour que ni vous ni vos enfants ne tombiez dans la tentation. Par-dessus-tout, produisez beaucoup de fruits. Cela vous élèvera dans les cieux.

Ne vous contentez pas de votre richesse, de votre bien-être, de votre santé ou de votre confort. Mettez-vous constamment au défi. Donnez-vous des défis pour l'œuvre de Dieu. Ne vous engagez pas simplement à l'église, intégrez un groupe de couples chrétiens qui évangélisent en dehors de leur travail. Et si votre travail vous empêche d'évangéliser comme ça se doit, soutenez l'évangélisation matériellement et financièrement. Sinon votre argent, votre richesse, votre confort, votre paix qui auront été donnés gratuitement par Dieu aura servi à perfuser le monde. Dieu vous en demandera des comptes. Il y a une course aux fruits que se livrent toutes les bonnes terres : « un grain cent, un autre soixante, un autre trente. » (Mt 13 :8). Vous avez reçu la semence dans la bonne terre, l'avez entendu et l'avez compris, mais combien de fruits avez-vous produits en tant que couple ? Appelle ta femme, ton mari, asseyez-vous, comptabilisez et méditez sur cette parole ! Combien d'âmes avez-vous conduit au Seigneur depuis votre mariage ? Combien de jeunes avezvous convaincu et encadré sur le chemin du mariage chrétien ? Combien de couples en péril ou divorcés soutenez-vous ? Combien de fils ou de filles spirituels avez-vous engendré ? Cela est une interrogation sérieuse. Prenez un cahier et comptabilisez ! Ce nombre est-il assez suffisant ? Atteint-il au moins 30 fruits, 30 couples ? C'est le plus petit nombre pris en parabole par Jésus. Sinon, mettez-vous au travail.

Tenez bon jusqu'à la fin ! Persévérez sur la bonne voie, même si on se moque de vous ! Ne vous laissez pas distraire. Jésus viendra vous juger à vos fruits : « Je suis le vrai cep et mon Père est le vigneron. Tout sarment qui est en moi et qui ne porte pas de fruits, il le retranche ; et tout sarment qui porte du fuit, il l'émonde afin qu'il porte encore plus du fruit. » (Jn 15 : 1-2). Continuez d'œuvrer pour le Royaume. Plus vous vous engagerez dans la dîme, l'offrande, la charité ou l'évangélisation, plus vous recevrez d'innombrables grâces et votre postérité sera nombreuse et puissante sur la terre. Vos fruits deviendront des semences pour des centaines, milliers, voire millions de familles. À vous de déterminer les fruits que vous voulez porter en fonction de votre désir, de votre volonté et de vos moyens. Je vous en prie, vous avez bien commencé, mais, de grâce, ne terminez pas mal. C'est le propre de ceux qui ne commencent jamais ou de ceux qui commencent sans jamais terminer.

5. Ceux qui ne commencent pas du tout

Ah ! J'allais oublier cette catégorie : ceux qui ne commencent pas du tout. C'est la catégorie des « je suis célibataire ». Ils ou elles en profitent pour se livrer à tout genre de débauche sexuelle. Ils ne se marieront jamais. Pour eux le célibat n'est pas un acte de consécration, mais une opportunité de libertinage et d'immoralité de toute sorte. Ce sont les potentielles proies de l'homosexualité et du lesbianisme. La Bible est claire à leur sujet : les homosexuels et les lesbiennes, ceux qui ont des rapports sexuels avec les animaux, les incestueux, etc., s'ils ne s'en repentent pas, ils iront tous en enfer (1 Co 6 : 9-10). Il n'y a pas de purgatoire qui vaille !

De nos jours, on assiste à des baptêmes et mariages homosexuels, hétérosexuels, lesbiens, etc. dans les églises. Il y a même des pasteurs et des prêtres gays, pédophiles, des pasteures et des religieuses lesbiennes, etc. Abomination ! Abomination ! Abomination ! C'est de la fausse doctrine : « c'est un ennemi qui a fait cela ! » (Mt 13 : 28). Et « l'ennemi qui l'a semée c'est le diable » (Mt 13 : 39). « Malheur à toi, Chorazin ! Malheur à toi, Bethsaïda ! Car, si les miracles qui ont été faits au milieu de vous avaient été faits à Tyr et Sidon, il y a longtemps qu'elles se seraient repenties, en prenant le sac et la corde. » (Mt 11 : 21). « Et toi, Capernaüm, seras-tu élevé jusqu'au ciel ? Non. Tu seras abaissée jusqu'au séjour des morts ; car si les miracles qui ont été faits au milieu de toi avaient été faits dans Sodome, elle subsisterait encore aujourd'hui. C'est pourquoi je vous le dis : au jour du jugement, le pays de Sodome sera traité moins rigoureusement que toi. » (Mt 11 : 23-24) Si tu te trouves dans ce genre de communauté « chrétienne », sache qu'elle est damnée. Elle ne sert pas Dieu, mais satan. Et toi aussi, tu seras traité(e) plus sévèrement au jugement dernier, parce que dès aujourd'hui tu reçois la vérité de l'Évangile, la doctrine du Christ.

Fais très attention à la chapelle dans laquelle tu mets les pieds et tu persévères. Mieux vaut rester à la maison et lire sa Bible jour et nuit, prier seul(e) dans sa chambre que de t'abreuver à des corbeaux et une source où on enseigne la fausse doctrine du Christ, un Évangile dilué, tronqué ou altéré. Dans ce genre d'églises, les « fils du malin » (Mt 13 : 38) t'attendent en anges déguisés. Ils te conduiront tout droit en enfer, alors que tu penses être sur le sentier du paradis. Ce message est pour toi ! Sors de la ténèbre, sors des griffes du faux célibat !

Les vraies églises encouragent les hommes et les femmes adultes à se marier aussitôt qu'ils en ont l'aptitude, l'attitude et ont atteint l'altitude. Tu as des moyens financiers pour louer un appartement, prendre en charge une ou deux personnes en plus de toi ? Qu'attends-tu pour te marier ? Chasse tous tes concubins (concubines) ! Ils ou elles sont pour toi une occasion de chute ! Arrête de forniquer ! Repens-toi ! Produis les fruits dignes de la repentance et marie-toi. Si tu n'y parviens pas, contacte-moi, je prierai pour toi et je te conduirai sur la voie du salut. Et dans moins de douze mois, tu témoigneras.

6. Ceux qui croient avoir commencé et terminé

Enfin, il y a également **ceux qui croient avoir commencé et terminé.** L'on pourrait en faire tout un livre. Mais pour l'instant, limitons-nous à l'essentiel. La loi sacrée dit : c'est pourquoi l'homme quittera son père et sa mère, et s'attachera à sa femme, et les deux deviendront une seule chair (Mt 19 : 5). Et Jésus lui-même d'ajouter : « ainsi ils ne sont plus deux, mais ils sont une seule chair. » (Mt 19 : 6). Mais il y a des hommes qui se disent chrétiens, se marient à plusieurs femmes selon la tradition et la société. Parfois, cela se fait sans la tradition, sans la société. Ils ont justes plusieurs « femmes », et certaines femmes, plusieurs « maris ». **La loi de Jésus sur le mariage est claire : 1+1= 2, puis 1+1=1.** C'est une loi à double équation. Tout ce qui s'ajoute ou se retranche sur cette loi ne vient pas de lui, si ce n'est de l'ennemi. L'ennemi a le pouvoir sur la chair, le monde et ses traditions. Il y a des chrétiens ancrés dans la tradition qui modifient l'équation du Christ sur le mariage. Ils diront par exemple : **1+3=4, puis 1+3=1.** Non, c'est faux ! Cette équation n'est pas de Jésus. La polygamie n'a pas été envisagée dans la loi du Christ. Les gens te diront peut-être, même David, Salomon, ces oints de Dieu étaient polygames ! Jésus, souviens-toi, est venu pour accomplir la loi, la rendre parfaite. **Jésus est le dernier, l'ultime référent au sujet de la loi. Rentrer en arrière, laisser la doctrine de Jésus pour te nourrir d'autres doctrines, c'est refuser Christ comme ton Seigneur et Sauveur. C'est faire allégeance au monde et ses traditions, et à Satan son maître.** Voilà pourquoi certaines fausses doctrines, ne pouvant pas supporter les recommandations de Jésus, ont vite fait d'affirmer qu'il n'était pas Dieu, qu'il n'était pas fils de Dieu, qu'il n'avait jamais ressuscité ou qu'il était simplement un prophète parmi tant d'autres, un « grand-maître » ou un homme inspiré. Fais attention aux fausses doctrines !

L'homme quittera son père et sa mère pour s'attacher à « sa femme ». La bible ne dit pas « ses femmes ». Jésus n'envisage pas la polygamie pour les fils du Royaume. Il est même très sévère sur le brisement d'une union : « Mais je vous le dis que celui qui répudie sa femme, sauf pour infidélité, et qui en épouse une autre, commet un adultère. » (Mt 19 :9). La séparation d'un couple chrétien ne pourrait être envisageable qu'en cas d'infidélité conjugale. Ceci montre combien pour Jésus, on ne peut pas aimer et marier deux femmes à la fois. Il en est de même pour la femme : on ne peut pas aimer et marier deux hommes à la fois. Tout mariage authentique, selon Jésus, concerne un homme et une femme. Dorénavant, les mariages entre une femme et plusieurs hommes ne sont pas divins. Les mariages entre un homme et plusieurs femmes ne sont pas divins. Les mariages entre un homme et un homme ne sont pas divins. Les mariages entre une femme et une femme ne sont pas divins. Elles sont nombreuses les « églises » qui consacrent et célèbrent ce genre de mariage. Jésus nous a mis en garde contre les doctrines non-authentiques, les fausses doctrines, celles qui ne viennent pas de Lui, mais des hommes qui disent ou croient servir Dieu ou la loi : « Gardez-vous du levain des pharisiens et des saducéens. » (Mt 16 : 11).

Si tu te trouves dans cette catégorie de « chrétiens », sache que le pacte de « mariage » que tu as célébré est une porte ouverte pour toi et ta famille vers l'enfer. Ce n'est pas un mariage ; il n'a respecté en aucun cas le protocole divin. Car il est écrit : « Tu ne coucheras pas avec un homme comme on couche avec une femme ; c'est une abomination » (Lev 18 : 22). Plus loin, il est encore écrit : « Si deux hommes ont des relations homosexuelles, ils ont commis un acte abominable ; » (Lev 20 :13) Même si ce « faux » mariage a été lié sur la terre, il ne sera jamais lié dans les cieux ; car ce genre d'union est une abomination aux yeux de l'Éternel. Concernant les polygames, le mal est déjà consommé : des enfants. Il faut arrêter de prendre de nouvelles femmes. Prenez toutes les mesures qui vous permettront d'arrêter de connaître sexuellement toutes vos femmes. Et livrez-vous sexuellement à une seule parmi elles. Ce, sans blesser ni frustrer les autres femmes, que ce soit celles qui ont les enfants et celles qui n'en n'ont pas. Puis, il faut se repentir et réparer la mauvaise semence. Mais pour les « chrétiens » gays, l'unique réparation possible c'est la séparation.

7. Ce qu'il faut comprendre

Le mariage n'est pas une obligation ou un commandement, mais un vœu divin : c'est une bénédiction pour l'Homme. Tout homme ou toute femme qui refuse de se marier, sauf par vœu de consécration à Dieu ou par incapacité naturelle [handicap, trouble mental, maladie rare ou grave, etc.], refuse la bénédiction divine. Il est un potentiel danger public, un potentiel agent de satan. L'apôtre Paul fait une recommandation claire et simple pour tout homme ou toute femme qui veut prospérer en Dieu, avant ou en dehors du mariage : « [...] Il est bon pour l'homme de ne point toucher de femme. Toutefois, pour éviter l'impudicité, que chacun ait sa femme, et que chaque femme ait son mari. » (1 Co 7, 1-2)

La majorité de ceux ou celles qui se déclarent célibataires à l'âge adulte sont sexuellement immoraux : ce sont des impudiques. Ils convoitent le sexe opposé, ils se masturbent, ils regardent les films pornographiques, ils sont spécialistes des vidéos et photos obscènes sur les réseaux sociaux ; ils forniquent, trompent, brisent les cœurs, transmettent des maladies vénériennes. Ils ont un ou plusieurs partenaires sexuels sans être mariés. Ils sont tentés par la polygamie. La Bible ne dit pas que chacun ait ses femmes ou ses maris. C'est une fausse doctrine. Si vous voulez plusieurs femmes, demeurez païens ou convertissez-vous à l'islam. Et vous me diriez si vous êtes plus épanouis. C'est plutôt le contraire. Renseignez-vous auprès des musulmans et des familles polygames.

Certaines filles ont plusieurs « sponsors ». Quelle abomination! Le chrétien qui aspire au mariage n'a pas droit au sponsor. C'est une fausse doctrine païenne. Si tu te reconnais dans cette catégorie, repens-toi afin qu'il ne t'arrive quelque chose de pire.

Pour ceux qui décident de ne pas se marier afin de servir Dieu, sous prétexte que la religion les y oblige ou parce qu'ils l'ont fait de leur propre gré, si vous ne respectez pas votre vœu, le salaire réservé aux faux chrétiens, qui en réalité sont des païens, vous reviendra. Car, « vaut mieux se marier que de brûler de passion » (1 Co 7 : 9). Ceci concerne également les veufs et les veuves.

Tu diras certainement que ces vérités bibliques sont très perfectionnistes ou que dans ton église, on tolère ou autorise telle ou telle pratique ! Mon frère, ma sœur, je ne suis pas un religieux encore moins un fanatique de la religion. Je suis un chrétien, un disciple du Christ. Jésus nous dit que la porte qui mène au Royaume des cieux est très étroite. Il faut se faire violence pour y pénétrer. Car : « depuis le temps de Jean Baptiste jusqu'à présent, le royaume de Dieu est forcé et ce sont les violents qui s'en emparent. » (Mt 11 : 12). C'est pour cette raison que Jésus a fait cette recommandation à tous les chrétiens : « Soyez donc parfaits, comme votre Père céleste est parfait. » (Mt 5 : 48) Donne-toi tous les moyens pour être le parfait époux ou la parfaite épouse pour ton partenaire. Cela commence par la séparation, puis l'abandon total et radical de la fornication, de l'adultère, de la convoitise et de toute autre forme de péché. C'est possible !

Identifie la catégorie dans laquelle tu te situes, prends des résolutions fermes pour en sortir si tu es sur la mauvaise voie, persévère si tu es sur la bonne voie.

Peu importe ta catégorie (a, b, c, d, e, f) tu as besoin de savoir quels sont les cinq piliers du mariage chrétien. Si tu es déjà sauvé(e), c'est bien. Mais tu as besoin de les connaître et de les maîtriser pour conduire ton partenaire à la repentance. Si tous les deux vous êtes déjà sauvés, d'autres personnes ont besoin de le connaître, et vous devez les leur enseigner : vos enfants, vos parents, vos frères ou sœurs, vos collègues, vos patrons, vos voisins, etc.

CHAPITRE 2
Les cinq piliers du choix marital

Si tu ne te sens pas interpellé(e) par le célibat consacré, rassure-toi que tu suives à la lettre tous ces principes dans le choix de ton futur conjoint. Ne te marie pas, tant que les critères fondamentaux ne sont pas remplis. Mieux vaut être célibataire, consacré(e) à Dieu, que d'être mal accompagné(e). Cinq piliers fondamentaux précèdent le mariage selon le pasteur Jenkins : le statut spirituel de ton partenaire, la bénédiction parentale, la voix de Dieu, la vie passée de ton partenaire et les « C » checks.

1. Le statut spirituel de ton partenaire

« Ne vous mettez pas avec les infidèles sous un joug étranger. Car quel rapport y a-t-il entre la justice et l'iniquité ? Ou qu'y a-t-il de commun entre la lumière et les ténèbres ? Quel accord y a-t-il entre Christ et Bélial ? Ou quelle part a le fidèle avec l'infidèle ? Quel rapport y a-t-il entre le temple de Dieu et les idoles ? Car nous sommes le temple du Dieu vivant, comme Dieu l'a dit : j'habiterai et je marcherai au milieu d'eux ; je serai leur Dieu, et ils seront mon peuple. C'est pourquoi, sortez du milieu d'eux, et séparez-vous, dit le Seigneur ; ne touchez pas à ce qui est impur et je vous accueillerai.
» (2 Co 6 : 14-17)

Le garçon/la fille qui t'intéresse est-il/elle sauvé(e) ? Cela se reconnaît à travers trois signes indissociables : **son caractère** (1), **son témoignage** (2), **son engagement dans une église locale** (3). Si ton partenaire est sauvé, au niveau du comportement, elle/il manifestera les fruits et les dons du Saint-Esprit (Gal 5 : 24). Il/elle témoignera de son expérience de la rencontre personnelle de Jésus, de son expérience de la repentance. Bien plus, il/elle n'aura pas honte de sa chrétienté. S'il/elle est sauvé(e), ton futur partenaire sera fermement engagé(e), en donnant partiellement son temps, ses talents, son argent ou toute sa vie dans une église locale, dans un ministère, au service de l'église. Pour votre équilibre, vous devez être dans la même église. Toi-même es-tu sauvé(e) ? Si oui, quel jour as-tu fait la rencontre de Jésus-Christ ? Comment cela s'est-il passé ? Qu'est-ce que Jésus t'a dit après votre rencontre ? Comment cela a-t-il bouleversé ta vie à tout jamais ? As-tu témoigné ? Ta vie, témoigne-t-elle de cette rencontre ?

Je me souviens du jour où j'ai reçu le baptême d'eau. J'étais en classe de quatrième. C'était un baptême naïf. Je n'étais pas conscient. De religion catholique, j'ai encore reçu de l'eau sur la tête à l'âge de 16 ans. Les catholiques appellent ça « confirmation » : une sorte de baptême de Saint-Esprit. C'est à cet âge que j'ai dit à ma mère que c'en était fini avec la visite chez les marabouts pour la protection. J'étais apparemment pur, mais je n'étais pas sauvé. Le péché sommeillait en moi comme le magma d'un volcan. Quelques années plus tard, à l'âge de 29 ans, Jésus-Christ est venu à ma rencontre. C'est deux ans après que je l'ai accepté comme mon Seigneur et mon sauveur. Oui, à l'âge de 31 ans. J'ai abandonné ma vie pécheresse. Je prêche l'Évangile en travaillant. Je suis engagé dans une église locale. Jésus a accompli des miracles dans ma vie. J'ai connu le Christ qui guérit miraculeusement. Et ceci est le fruit de ma repentance. Et toi, quel Christ as-tu connu ?

2. La bénédiction parentale

Si ton partenaire est en Christ, il y a un second élément à étudier : **le statut des parents** (1) et **la bénédiction des parents** (2). Tout enfant est influencé par six personnes : ses deux parents et ses quatre grands-parents. Connaître ses parents et leur statut en Christ te permet d'anticiper sur les combats spirituels que tu auras à mener dans ton futur couple, afin de ne pas être ébranlé. Car ton partenaire peut être sauvé(e), mais l'un de ses parents est un serviteur direct de satan. C'est une force négative qui va influencer grandement ton mariage. Ce n'est pas un impératif que ses propres parents soient sauvés, mais la bible déclare « Crois au Seigneur Jésus, et tu seras sauvé, toi et ta famille » (Ac 16 : 31). Si ton partenaire est sauvé, il se battra pour le salut familial.

Le deuxième élément qui est un impératif est la bénédiction des parents. Sauf dans des cas exceptionnels, ne te marie pas si tu n'as pas l'avis et la bénédiction de tes parents et de ses parents. Vous devez avoir cette double-bénédiction. Car Dieu a mis en toute autorité un pouvoir : « Le cœur du roi est un courant d'eau dans la main de l'Éternel : il l'incline partout où il veut. » (Pv 21 : 1) Certaines bénédictions dont tu as besoin pour réussir se trouvent chez les parents : tes propres parents ou les parents de ton futur partenaire. Les parents de ton partenaire sont des rois et des reines. Ils ont autorité sur leurs enfants. C'est un don divin. Recevoir leur bénédiction, c'est recevoir la bénédiction de Dieu.

Bien plus, c'est un commandement divin d'honorer ses parents : « Enfants, obéissez à vos parents, selon le Seigneur, car cela est juste. » (Ep 6 : 1). Parfois la réponse de Dieu, l'avis de Dieu pour ton mariage se trouve dans la bouche de tes parents. Le fait que les parents refusent peut constituer un indicateur que vous n'êtes pas prêts. Leur refus ou mise en garde peut aussi signaler que celui ou celle que tu veux prendre pour femme ne t'es pas destiné(e). Il ou elle te ruinera, te détruira. C'est le moment de prier davantage et de demander le discernement, la volonté de Dieu.

3. La voix de Dieu

Oui, si vous cherchez, vous trouverez. Si vous demandez, l'on vous donnera. Si vous frappez, l'on vous ouvrira (Mt 7 : 7). Le projet de mariage est l'opportunité, le moment idéal pour chercher la face de Dieu. Tu dois savoir clairement qu'est-ce que Dieu pense de ce projet d'union, puis obéir à cette voix. Suivre ta propre voix, celle de tes pulsions, de ton entêtement, de ta raison, de ta sagesse, de ton intelligence ou de tes propres critères humains et mondains, te mènera tout droit à ta ruine.

Car « Voici l'obéissance vaut mieux que les sacrifices, et l'observation de sa parole vaut mieux que la graisse des béliers. Car la désobéissance est aussi coupable que la divination, et la résistance ne l'est pas moins que l'idolâtrie et les théraphim. » (1 Sam 15 : 22-23).

Mieux vaut obéir à la voix de Dieu maintenant que de te perdre dans le désert de tes propres voix ou celles du monde plus tard. Nombreux sont ceux qui le font et espèrent se rattraper dans un mariage en naufrage par des sacrifices pour racheter le mari ou leur épouse égarée. Dieu préfère l'obéissance au sacrifice.

Tu peux lui demander un signe de confirmation que vous êtes faits l'un pour l'autre. Ça peut être une date, une ville, une circonstance, un incident, etc. À certaines personnes Dieu donne une vision claire et précise du futur partenaire. L'un des signaux que tu peux demander lorsque tu as reçu de Dieu que tel garçon sera ton mari ou telle fille ta femme, c'est de demander à Dieu de confirmer cela, par un moyen ou par un autre, chez ton partenaire. Vous devez être absolument pieux et saints pendant toute cette période. Dieu peut ne pas toujours vous parler par un signe, une vision ou une voix. Il peut passer par des hommes ou des circonstances pour vous parler. Le parfait accord de vos accompagnateurs/pères spirituels/faiseurs de disciples, la bénédiction de vos parents peut être la volonté de Dieu. Mais l'on ne se marie pas par des signes, des sentiments ou des prophéties. L'on se marie parce qu'on s'aime et qu'on veut servir Dieu par l'union.

4. La vie passée de votre partenaire

Le pasteur John K. Jenkins Sr a évoqué ce cas dans un contexte particulier : chez les Américains. Aux USA et dans la plupart des pays développés, le taux de divorce est assez élevé. Cela a un impact considérable sur l'augmentation du taux de remariage. Les conceptions sur le mariage sont également très diversifiées, voire opposées. Certaines églises sont remplies de chrétiens mariés et divorcés à plusieurs reprises. En Afrique, ce n'est pas le même problème qui sévit. Ce qui sévit en

Afrique c'est le concubinage. Des « chrétiens » qui vivent ensemble sans être légalement mariés, ni selon la tradition, ni selon la loi, ni devant Dieu et les saints. La plupart de relations de concubinage se soldent par un échec. Nombreuses sont les chrétiennes qui se retrouvent avec deux, trois, quatre, cinq enfants avec des pères différents. C'est le fruit du péché pour la majorité des cas. L'on peut aussi rencontrer des « chrétiens » qui ont plusieurs enfants avec des pères différents. Si vous avez consommé le péché précédemment et que cela s'est soldé par une grossesse, vous avez le temps de vous en repentir. **Ne vous mariez pas avec un homme ou une femme parce qu'il est le père ou la mère de votre enfant.** Il est préférable que votre futur époux ou future épouse soit sauvée avant le mariage, et non pendant ou après. Ce ne sont pas les cours de catéchèse, la doctrine ou l'acceptation de la préparation au mariage qui sauvent une âme. Non, détrompez-vous ! Il s'agit d'une rencontre personnelle, intime avec la personne de Jésus-Christ.

L'une des caractéristiques fondamentales de tous ceux qui ont rencontré Jésus, le nazaréen, c'est le témoignage. **Quel est ton témoignage ? Quel est son témoignage ?** Si votre partenaire a déjà eu au moins deux enfants avec des pères ou des mères différents, même s'il ou elle est engagé(e) dans une église, vous devez vous en méfiez. Je vous déconseille, sauf cas exceptionnel, d'épouser ce genre de personnes, car vous pourriez être la prochaine victime. Et même dans ce cas, il faut se rassurer que tous les liens de la personne ont été brisés. Car, il peut parfois s'agir d'un problème de mauvais sort ou de malédiction. Quels que soient vos efforts et vos prières dans votre mariage, si vous vous unissez sans avoir brisé le lien au préalable, le mariage sera voué à l'échec. Par contre, si ton futur partenaire a eu deux enfants voire trois enfants avec le même parent, et même plus, en fonction des circonstances, votre mariage est bel et bien possible, s'il ou elle remplit tous les critères mentionnés plus haut. Il y a des couples heureux dont l'homme, infertile, a rencontré une femme ayant perdu son mari dans sa jeunesse et qui a avec elle deux ou trois enfants. Et ils servent le Seigneur. Les cas sont multiples, mais complexes. Dans cette situation, appartenir à une même communauté chrétienne et servir dans la même église locale peut s'avérer bénéfique pour l'étude d'un cas complexe.

5. Les « C » checks.

Le dernier élément évoqué par le pasteur John K. Jenkins Sr est l'investigation personnelle du chrétien célibataire. Il y a des questions fondamentales auxquelles vous devez individuellement ou collégialement répondre. Tu dois mener des investigations sur tous ces éléments. **Le pasteur a identifié quatre éléments (les 4 « C ») pour lesquels on ne se marie pas et dix éléments pour lesquels on se marie. Ne pas se marier pour (C-checks négatifs) :**

1. **« Cars ».** Tu te sens attiré(e) par l'odeur du carburant ? Ce qui t'intéresse chez lui c'est la belle voiture qu'il a, la voiture « dernier cri » qu'il vient de commander ? Il/elle est assez riche ? Il/elle s'est déjà construit(e) et vit chez lui/elle ? Et c'est la raison pour laquelle tu veux te marier avec lui/elle ? Il/elle a déjà un boulot, bien rémunéré, et toi tu comptes sur son travail pour enfin te marier ? Tu fais fausse route mon frère,

ma sœur. Tu es attiré(e) par le diable et non par ce jeune homme ou cette jeune femme. Le diable est le maître de l'argent, de la luxure et du mariage par intérêt. Ce mariage, tôt ou tard, se brisera. Car, il est tout simplement voué à l'échec. La « voiture » = « car » symbolise ici la convoitise. Rassure-toi que l'homme ou la femme que tu épouses a évacué la convoitise de ses organes vitaux. Ce sera la source principale des conflits dans votre couple, et probablement de l'infidélité ou du divorce. Car convoitise rime parfois avec faiblesse ou légèreté de mœurs.

2. « Curves ». Les courbes. Les formes. Je ne te demande pas d'épouser un homme ou femme que tu trouves « laid » ou « laide ». Tu dois avoir de l'attirance physique pour la personne qui partage ton foyer, c'est important pour votre harmonie. Mais si la forme physique est ton critère de choix de ton futur conjoint ou de ta future conjointe, tu fais fausse route. Les « courbes » symbolisent ici l'esprit de la chair, manifeste par le désir et le péché de l'immoralité sexuelle. Pas de sexe avant le mariage ! Si tu désires sexuellement ton partenaire alors que vous n'êtes pas mariés, c'est un adultère. Tu dois tuer ce désir au fond de toi, crucifie-le sur la croix. Ma mère me disait souvent qu'un vrai homme doit apprendre à attacher son « zizi », c'était une manière pour elle de me dire que je ne dois pas être ému par les courbes d'une femme. Il en est de même pour la femme. Tu te sens plus attirée par ses muscles, son buste, ses yeux, son regard, ses cheveux, son parfum, son timbre vocal, etc. que par sa beauté intérieure (le caractère), fais attention ! Le diable te tend un piège. Et si tu fondes ton choix sur la beauté extérieure, qu'adviendrait-il si demain ta femme ou ton mari se fait brûler dans un incendie et perds toute sa beauté ? Le mariage sera tout simplement brisé !

Qu'adviendrait-il quand ta femme vieillira demain, tu chercheras les « petites » plus belles de l'extérieur ! On ne se marie pas pour la beauté physique. C'est un mensonge du diable. La beauté physique fait partie des critères, mais il doit être le dernier de vos critères. Si possible, l'éliminer de vos critères. Une femme très belle, en votre absence, un, deux, trois, quatre à six mois, même si elle ne le veut pas, même si elle prie, sera la convoitise de nombreux hommes. Surtout si elle est une femme noire à la peau brune. Un homme très beau et élégant, en l'absence de sa femme, pendant des jours, peut créer un tsunami. Non, non, ce n'est pas pour dire que les personnes photogéniques sont infidèles ou qu'elles n'ont pas le droit de se marier. La tentation est plus élevée chez eux, puisque le monde fonctionne par la vue et non par l'Esprit. Il est donc impératif de crucifier ta chair dans le choix de ton futur mari ou de ta future femme. Peut-être, présentement, tu as plusieurs filles autour de toi, plusieurs hommes autour de toi. Le choix est déjà facile à faire. Parmi tes prétendant(e)s, certainement tu restes accroché(e) à l'un(e) ou plusieurs d'entre eux (elles) du fait de leur beauté physique. Tu sais ce qui te reste à faire : on ne se marie pas pour la beauté physique: « ce qui fait le charme d'un homme c'est sa bonté ; et mieux vaut un pauvre qu'un menteur. » (Pv 19 : 22).

3. « Contenance ». La contenance est liée ici au potentiel, à l'aura, à ce que la personne dégage. Elle représente l'esprit du pouvoir, Ah ! C'est un magistrat. C'est un grand avocat. Il est éloquent. Il est très intelligent. Il est très sage. Hum ! Elle parle bien. Elle est super-intelligente. Elle s'assied bien. Elle aime les affaires, etc. Ce n'est pas mauvais d'avoir des qualités. Mais l'on n'épouse pas les qualités d'une personne, sinon le mariage devient un troc de qualités. Et que feriez-vous de vos défauts ? Comment est-ce que ton partenaire te parait-il/elle ? « Elle fera une bonne femme au foyer. C'est celle dont j'ai besoin pour garder mes enfants. » Le danger de ce genre de réflexions est qu'elles te mèneront tout droit vers un amour injuste, égoïste. Ce que le pasteur Mohamed Sanogo appelle *l' « amour du poulet »*. Ah ! Quand je le/la regarde, elle me fait du bien. Il me fait du bien. Jeune fille, tu aimes ce garçon pour ses talents? Jeune garçon tu aimes cette fille pour ses talents ? Et qu'adviendrait-il s'il ou elle venait à perdre ses talents, ce talent si spécial que tu aimes et non lui ou elle ? Qu'adviendrait-il s'il ou elle te disait « non, je ne veux plus utiliser ce talent ? » Elles sont nombreuses les filles qui veulent épouser des hommes pour leur timbre vocal. Oh ! Qu'il chante bien ! Il me fera de très beaux barytons ! Oh ! qu'elle est très intelligente, elle me fabriquera des génies ! Tu aimes la personne pour ce qu'elle t'apporte, pour ce qu'elle te fait, pour les sensations qu'elle créé en toi. Et toi, que lui apportes-tu ? Que lui offres-tu ? Pries-tu plus pour elle, pour lui ? Penses-tu plus à elle (à lui), à son bonheur qu'à ton propre bonheur ? Si ce n'est pas le cas, tu n'es pas prêt pour te marier. C'est tout simplement un volcan qui s'agite au-dedans de toi. Ne t'inquiète, il va se calmer. Moi aussi, j'ai aimé de cette manière par le passé. À une époque, j'ai même failli me marier précocement. Six ans plus tard, je ne suis pas marié. Je ne suis même pas fiancé. Mon mariage aurait été un échec. Mais je suis passé par tellement d'épreuves qui me permettent aujourd'hui de travailler à bâtir ma propre famille, encadrer des couples mariés, divorcés ou des célibataires. Le mariage n'est pas une petite affaire. Si tu as décidé de te marier, sache que ton mariage détermine à 50% l'issue de ton bonheur sur la terre. Les autres 50% sont déterminés par ta relation avec Dieu. La relation de l'homme avec Dieu atteint rarement le plein, même pour les oints de Dieu. Seul jésus, puisqu'il n'était pas marié, a fait un 100% avec Dieu.

Même Moïse n'a fait qu'un 50% avec Dieu. **Si tu échoues ton mariage, il y a donc de très fortes chances que toute ta vie soit un échec. Mieux vaut ne pas se marier et vivre le célibat de l'apôtre Paul que de faire un mauvais mariage.**

4. **« Cash »**. Tout le monde a besoin d'argent. Même Jésus a eu besoin du « blé » pour son ministère. **Mais si tu te maries parce que tu es pauvre et que ton conjoint ou ta conjointe est riche, tu es en train de creuser la tombe d'un mariage brisé.** Les familles sont la plupart du temps coupables des mariages qui échouent à cause du fric. L'on vend la fille en mariage pour nourrir toute la grande famille. C'est encore l'esprit du matérialisme et de la convoitise. Mais le célibataire est également coupable. Tu l'aimes parce qu'il te donne beaucoup d'argent, parce qu'il te fait beaucoup de cadeaux ? Et le jour où il ne te fera plus de cadeaux, que deviendra ton cœur ? Tu iras vers celui qui t'offre beaucoup plus de cadeaux! Infidélité ! Le jour où il perdra son boulot et n'aura plus les moyens de t'offrir tout ce que tu lui demandes, tu feras une demande de divorce pour aller vers les plus offrants ? Divorce! Les femmes qui abandonnent leur mari pour des plus riches, ça arrive chaque jour. **Mon frère, avant d'épouser une fille, fais-lui passer le test de l'amour de l'argent.** S'il le faut,

multiplie et complexifie l'épreuve. Les filles qui aiment l'argent sont prêtes à créer tout genre de scénario pour avoir de l'argent. En général, cela rime avcc l'achat des chaussures, des parfums, des vêtements à la mode, etc. C'est l'esprit du monde. Ma sœur, rassure-toi, que le jeune homme qui dit t'aimer ne convoite pas ta fortune ou ton épargne. Ne cède pas à sa beauté, son élégance, son charme, son attention. Soumets-le au test de l'amour de l'argent, jusqu'à ce qu'il réussisse le test à plusieurs reprises sans faute. S'il échoue plusieurs fois, mets-le de côté ! Oublie-le !

5. « Corps » de métier. Ceci est l'élément que j'ajoute aux quatre éléments mentionnés par le pasteur Jenkins. Même si la plupart de ceux qui sont mariés et exercent dans le même corps de métier réussissent, on ne se marie pas parce qu'il ou elle est dans le même corps de métier que moi. C'est un apartheid. Si l'écrivain devait épouser l'écrivaine, l'avocat l'avocate, le politicien la politicienne, le commerçant la commerçante, l'infirmier l'infirmière, le musicien la musicienne, l'artiste l'artiste, que deviendraient les menuisiers, les maçons ou les mécaniciens… ? Cela devient une sorte de ségrégation par le lien du mariage. Il est dans le même corps de métier que toi ? Oui c'est bien ! Mais rassure-toi que vous êtes faits l'un pour l'autre. Ce n'est pas parce que l'avocatier pousse près du manguier qu'il doit devenir un manguier ou produire des mangues. Ce n'est pas parce que le chien marche en harmonie avec le chat qu'il est un chat. Il y a des critères fondamentaux majeurs, sur lesquels tu dois t'appuyer pour choisir ton futur conjoint au-delà de ses biens, de sa richesse, de sa beauté physique, de son apparence ou de ses talents. Les voici.

CHAPITRE 3

Se marier pour… ?

1. La compatibilité

Il s'agit de la compatibilité de vie. Les meilleurs couples sont compatibles, mieux ils se complètent. « Qui trouve une femme a trouvé le bonheur, c'est une faveur de Yahvé » (Pv 18 : 22) Ceci est valable pour la femme qui trouve son homme. L'âme sœur est ta moitié. Elle t'est compatible, elle te complète. Il/elle vient affermir ta vie, ta vision, ton bonheur. L'incompatible ne peut te compléter, elle/il te détruit. Le but de la femme dans la vie d'un homme c'est de le compléter. Si elle ne le complète pas, il y a mise en quarantaine, destruction ou autodestruction. Et la femme qui complète l'homme lui est compatible, semblable : « Il n'est pas bon que l'homme soit seul ; je lui ferai une aide semblable. » (Gen 2 : 18). On ne se marie pas parce qu'on cherche le bonheur. Il faut déjà vivre dans le bonheur et l'harmonie avec soi-même. La femme ou l'homme que tu rencontreras viendra ajouter un bonheur en plus. Le cas contraire, c'est ton malheur que tu cherches. C'est pour cette raison que vous devez être compatibles, semblables. Est-ce que vous pourriez vivre sous le même toit ? Est-ce qu'il/elle pourra supporter et embrasser votre culture familiale ? Est-ce qu'il/elle s'engage et sert dans la même église que toi ? Est-ce qu'il/elle accepte ta famille, tes frères et sœurs, les traitent comme ses propres frères et sœurs ? Est-ce que les métiers que vous exercez sont compatibles à l'équilibre de votre couple, de votre foyer ? Elle est « chrétienne » et travaille dans un snack comme serveuse toute la nuit et n'est pas prête à laisser ce boulot ? Et toi, tu es chrétien, tu travailles dans un bateau et va en mer toutes les deux semaines pour revenir passer une semaine à la maison ? Qui s'occupera de vos enfants tous les soirs et toutes les nuits ? etc.

2. Le caractère

Les gens en général ne changent pas leur caractère. Sauf s'ils sont visités par le Saint-Esprit. Et même parfois après avoir reçu le baptême du Saint-Esprit, certains traits de caractère sont têtus. ***Chassez le naturel, il revient au galop !*** Lorsque l'homme a déjà atteint 21 ans et la femme 18 ans, il y a des traits de caractère qui ne peuvent plus changer. Si il/elle aimait beaucoup bavarder avant de te rencontrer, après le mariage, il/elle sera toujours bavard (e). Si il/elle aimait beaucoup commérer avant de te rencontrer, après le mariage, il/elle sera toujours commère. Si elle ne respectait pas ton autorité avant de te rencontrer, après le mariage, elle aura de la peine à se soumettre à ton autorité. S'il te considérait comme un objet de plaisir avant de te rencontrer et non comme une moitié, comme une aide favorable, après le mariage il aura de la peine à te considérer comme son égal. Ne sois pas surprise qu'il te considère comme sa femme de ménage ou sa prostituée ! Si il/elle avait tendance à te mentir ou à te tromper avant de te rencontrer, après le mariage, il/elle essayera toujours de te mentir ou de te tromper. Si il/elle allait chez les marabouts et les féticheurs avant ta rencontre, après le mariage, il/elle aura tendance à aller chez les marabouts et les féticheurs. Si il/elle était chrétien, mais assoiffé de connaissances du pouvoir et de la puissance avant de te rencontrer, il y a de fortes chances qu'après le mariage il/elle devienne occultiste, rosicrucien ou franc-maçon, etc. C'est pour cela que vous devez veiller sur le caractère. Vous devez vous rassurer que votre partenaire est sauvé(e). **L'une des manifestations du salut abouti, qui passe par la réception des dons et des fruits du Saint-Esprit, est le changement radical de caractère.** Maintenez la personne à l'écart jusqu'à ce qu'elle change. Si au bout de quelques mois ou années, elle n'a pas changé, oubliez-la et continuez de prier pour son salut. Voici les neuf (9) fruits de l'Esprit : l'amour (1), la joie (2), la paix (3), la patience (4), la bonté (5), la bénignité (innocence, simplicité, indulgence), la fidélité (7), la douceur (8), la tempérance ou maîtrise de soi (9) (Ga 5 : 22). Passe tous ces fruits au peigne fin, en commençant par toi-même, avant de scanner ton partenaire. Ma mère n'a pas changé de caractère en plusieurs décennies de mariage. Mon père est resté le même depuis qu'il a connu ma mère. Aujourd'hui, ils vivent en séparation de corps. Cela fait déjà plus d'une décennie. Leur mariage n'avait pas reçu la bonne fondation. Il était basé sur le mensonge. Et lorsqu'on est aveuglé par l'amour éros, le sexe et l'immoralité sexuelle, on ne voit pas l'incompatibilité de caractère. Quand bien même tes parents t'ont mis en garde, tu dis : « papa, maman, je l'aime ; un point c'est tout ! ». Fais attention à ton choix !

3. La compétence

Il y a un minimum de « compétences » requises pour gérer un foyer. Il y a un minimum de « skills » requis pour bien prendre soin d'un homme. Il y a un minimum de « skills » requis pour bien prendre soin d'une femme. Dieu a donné à la femme certaines « compétences » que l'homme normal travaillerait doublement pour avoir. Dieu a également donné à l'homme certaines « skills » qu'une femme normale travaillerait doublement pour avoir. Vos faiblesses dans les compétences se complètent les unes pour les autres. Tes forces l'édifient et le fortifient. **L'union réussie forme un rempart de compétences. Le célibat est un temps que l'on consacre à bâtir son caractère et ses compétences.** Il faut remblayer tous les trous de ton incompétence. Quand tu auras **fait ton maximum,** la femme ou l'homme de ta vie prendra ce maximum et le mènera à son summum. **. Le summum** c'est l'échelle de compétences que tu n'aurais jamais pu atteindre tout(e) seul(e). Observe les partenaires des hommes politiques qui ont réussi. Leur femme, par leur compétence professionnelle ou conjuguale, en est pour beaucoup. Observe la vie de la plupart des femmes mariées qui ont impacté le monde. Leur mari se cache derrière leur succès. **La majorité des hommes prédestinés à un avenir brillant qui ont choisi des mauvais partenaires ont connu au crépuscule de leur vie le scandale, l'échec, le suicide ou la misère.** Dans le mariage, vous ne vivrez pas que de sexe et de nourriture bien préparée ! Quand vous aurez fini de faire vos enfants, qu'est-ce qui gardera la flamme de l'amour ? **L'union réussie, c'est aussi l'union des compétences.** C'est un critère fondamental que tu peux utiliser pour démarquer tes prétendants. L'intelligence, la sagesse peuvent être des compétences. Si tu es un homme de Dieu, un serviteur de Dieu, et que parmi tes prétendantes, il y a une jeune prophétesse pauvre et les autres sont des filles riches, belles et intelligentes, même si elles sont chrétiennes, ne pas prendre la prophétesse, c'est détruire ton propre ministère. Ça sera un ministère sans le Saint-Esprit. Ou alors, tu devras consacrer des années à rebâtir la fille belle ou intelligente, pour qu'elle soit baptisée du Saint-Esprit et reçoive, qui sait, le don de t'accompagner dans le ministère. Et si après, elle te dit que l'évangélisation la fatigue, que feras-tu ? Tu passeras les nuits seul à l'église et elle passera ses nuits à la maison ou ailleurs. **Beaucoup d'hommes de Dieu ont connu le divorce parce qu'ils n'ont pas eu l'intelligence de la compétence.** Il faut bien saisir l'enjeu. La compétence est liée à la vision, elle est liée à ta mission. Une femme peut avoir besoin d'un homme intelligent, tandis qu'une autre a besoin d'un homme sage. Un homme peut avoir besoin d'une femme douce et attentionnée, tandis qu'un autre a besoin d'une femme travailleuse et dynamique. Quelles sont tes compétences naturelles et spirituelles ? Quelles sont tes limites ? La femme ou l'homme que tu choisis, ses compétences, complètent-elles les tiennes?

4. La communication

La fille que tu veux prendre pour épouse, a-t-elle le sens de l'écoute ? Le jeune homme que tu veux accompagner pour l'éternité te prête-t-il une oreille attentive ? La meilleure manière de tester le sens de l'écoute d'un individu c'est pendant les disputes ou les échanges. Veux-t-il/elle toujours dominer, imposer, dicter, avoir le dernier mot ? Quelle est son attitude face aux reproches ? Améliore-t-il/elle sa conduite ou reste-t-il/elle sur ses positions ? Observe comment ton futur partenaire se comporte avec ses frères et sœurs, avec sa mère ou son père. **Une femme qui ne respecte pas sa mère ou sa tutrice ne te respectera pas dans le foyer. Un homme qui ne respecte pas ses frères, ses employés ou ses collaborateurs t'écrasera dans le foyer.** Regarde la conduite de ton prétendant ou de ta prétendante face aux démunis, aux pauvres, aux malades, aux handicapés. Est-il/elle attentionné(e) ? Éprouve-t-il/elle de la pitié ou de la compassion ? Parfois, rien des deux. Le cœur malhonnête peut au moins parfois éprouver de la pitié. Le cœur juste éprouve de la compassion. Il s'engage et prends soin des plus pauvres. S'il ne fait rien de tout cela, sache que le jour où tu seras pauvre, malade ou en prison, il/elle t'abandonnera. **La femme qui n'écoute pas son jeune fiancé est une femme insoumise. Elle n'est pas faite pour le mariage. Mieux vaut pour elle être célibataire. Le mariage est un acte de soumission aussi bien pour la femme que pour l'homme.** C'est l'acte de soumission du « moi » au « nous » et du « nous » à « Lui », c'est-à-dire Dieu. Le « je », le « moi » n'existent plus. C'est le « IL »=Dieu et « elle »/« il »=lui qui comptent en premier, le « nous » (enfants inclus) qui compte en second, et le « eux » (famille, amis, relations et projets) qui compte en troisième position.

5. Les enfants

Il est une vérité amère que tu dois avaler. On ne se marrie pas pour faire les enfants. Pour la simple raison qu'on n'a pas besoin du mariage pour enfanter. Les païens te diront, Dieu a dit : *« Soyez féconds, multipliez-vous, remplissez la terre, assujettissez-la [...] »* (Gen 1 : 28). Oui, Dieu l'a dit, dans quel sens, pour quel but ? *« Soyez féconds ! »* est-ce un commandement ou un vœu ? L'enfantement n'a jamais été un commandement ou une recommandation biblique. Cela a été un vœu, une bénédiction de l'Éternel. Et toute bénédiction, toute promesse de Dieu repose sur des principes, sur des lois. Le vœu de Dieu à la fécondité de l'homme n'est pas une invitation à l'anarchie ou au désordre sexuel. Sinon au lieu d'assujettir la terre, vous la détruirez, au lieu de la remplir de bonnes âmes, vous la viderez de ses âmes. Combien de chrétiens sont coupables de relations *« amoureuses »* immorales et destructrices ? Était-ce donc cela le commandement de Dieu ? Combien de jeunes garçons ont brisé la carrière professionnelle de jeunes filles avec une grossesse précoce ? Combien de jeunes filles belles, intelligentes et douées ont quitté ce monde injustement après une tentative d'avortement ? Le diable est le père du mensonge. Boniment ! C'est le premier mensonge dans lequel tombent les familles et les jeunes amants. Voici la loi qui suit le mariage après le vœu de fécondité de Dieu à l'homme. Et il n'y en a pas deux. La bible dit : *« [...] l'homme quittera son père et sa mère ; il s'attachera à sa femme et les deux seront une seule chair ? De sorte qu'ils ne sont plus deux mais une seule chair [...] »* (Mt 19 : 5-6). Le but du mariage c'est l'union en Dieu et non les enfants. **La bible n'a pas dit l'homme quittera son père et sa mère et s'attachera à sa femme, et ils auront des enfants.** L'on n'a pas besoin du mariage pour faire les enfants, car même avec une prostituée ou une folle, l'homme peut avoir des enfants. Si tu veux te marier parce que tu veux les enfants, c'est une raison injuste. La bonne raison du mariage c'est la soumission commune à Dieu. Les enfants ne sont qu'un moyen de servir le plan de Dieu, d'accomplir sa volonté sur la terre, son vœu dans le plan de création. Et Dieu peut décider, dans sa souveraine gloire, de ne pas vous donner des enfants ! Si tu saisis cette vérité, lorsque tu constateras que ta femme est stérile, ton reflexe ne sera pas d'aller chercher ailleurs. Si tu t'appropries cette vérité, lorsque tu constates que ton mari ne peut pas procréer, tu n'auras pas pour réflexe d'aller vers un autre homme. Les couples qui saisissent cette vérité adoptent deux attitudes quand l'enfant ne vient pas après des années ou des décennies de mariage : ils jeûnent et prient pour avoir l'enfant (1), car c'est un vœu de Dieu ; ils cherchent le message et la volonté de Dieu dans leur infertilité (2). Ils ne vont pas chez les marabouts ou les féticheurs. Non, c'est de l'idolâtrie ! Ils font confiance en Dieu et attendent le temps de Dieu dans tout genre de démarche humaine et spirituelle qui honore Dieu. **Les faux chrétiens vont chez les marabouts chercher l'enfant.** L'enfant qui naîtra de ce transfert satanique sera un enfant compliqué. L'expérience montre qu'ils sont soit possédés, soit des enfants consacrés aux esprits de l'eau, aux esprits territoriaux ou même des serviteurs directs de Lucifer avec des desseins iniques.

Au sujet des enfants, il y a beaucoup de choses à dire. Mais limitons-nous à l'essentiel. Les enfants, ce n'est pas le but du mariage. Mais les enfants contribuent à l'équilibre du couple, par conséquent, sont bienfaisants et bénéfiques au mariage. À ce niveau, le nombre d'enfants minimal et maximal, doit faire l'objet de vos prières et de vos discussions en tant que jeunes aspirants à l'union. Les hommes oints reçoivent de Dieu lc nom, le sexe et la mission de leurs enfants, bien avant même leur conception. Vous devez prier pour que Dieu vous révèle le dessein divin et humain de chaque enfant, avant même leur conception ou leur naissance. Le nom que vous donnerez à vos enfants influencera leur destinée. Si vous avez plusieurs prétendantes et qu'une désire faire un seul enfant, tandis qu'une autre désire le maximum d'enfants que possible, cela peut aussi vous servir d'indicateur dans le choix de votre future conjointe. Avant de vous engager, vous devez vous entendre sur le nombre minimal et maximal de vos enfants, sachant que Dieu demeure souverain. Le nombre d'enfants, le sexe, font parfois l'objet d'infidélité et de divorce dans le couple. « Je voulais un hériter. Elle ne m'a donné que des filles ! » Qui es-tu pour juger la souveraineté de Dieu ? As-tu jeûné et prié, t'es-tu humilié pour que Dieu te donne un fils ?

Encore au sujet de l'enfant ou des enfants, il est impératif que je te fasse ce témoignage. Ce n'est pas parce qu'une femme porte ton enfant qu'elle est ta femme de destinée. Certains enfants sont simplement la conséquence du péché. Nous sommes tous conçus dans l'iniquité, mais l'enfant ne doit, en aucun cas, constituer le motif, la raison du mariage. Jeune femme, ce n'est pas parce qu'un homme t'a enceintée dans la fornication qu'il sera ton mari. **Certaines erreurs de jeunesse sont des empreintes laissées dans le tableau de ta vie pour bâtir une nouvelle histoire, une relation solide avec Dieu.** . Moi qui t'écris, j'ai autrefois succombé à la chair.

Je n'avais pas compris qu'il n'y a pas de demi-mesure devant Dieu. Ce message que tu reçois est né de ma repentance. Ou ton futur partenaire est sauvé ou il ne l'est pas. Jeune fille, le garçon que tu appelles ton fiancé, est-il sauvé ? S'il n'est pas sauvé, ne te marie pas ! Ne l'épouse pas ! Et cesse de vivre dans le péché du concubinage ou de la fornication. Tu es adultère ! Jeune homme, la fille que tu convoites, est-elle sauvée ? Si elle n'est pas sauvée, conduis-la au Seigneur avant de lui demander en mariage. Et rassure-toi qu'elle ne se marie pas à l'église par conformisme, mais par foi et par conviction. Sinon, tu en souffriras. Ils sont nombreux les jeunes filles et garçons qui vont à l'église, s'engagent à l'église, parlent de Dieu, affirment connaître Dieu, mais n'ont pas Dieu. Lisez la section 6 de la Communion avec Dieu[2] . Vous comprendrez ce que c'est que **l'assurance du salut.** Ce message t'est destiné afin que tu ne tombes pas dans les mêmes pièges que moi. **Être catholique, protestant, témoin, baptiste, évangélique, presbytérien, anglican, orthodoxe, réveillé, etc., ne fait pas de toi un chrétien, mais un religieux.** Le chrétien c'est celui qui, affranchi du péché, marche comme Christ ou à la suite du Christ. Christ n'était pas un religieux, mais un enfant du Père. Les fils du Père font la volonté du Père et marchent selon ses commandements. Pas une partie, mais la totalité. Non, non, n'espère pas qu'une fois mariés, ton partenaire changera. C'est une probabilité qu'il change, et il faut beaucoup de grâce, de foi et de prière. Mais la plupart de ceux qui ont espéré en cela, n'ont jamais vu la promesse se

---

2. *Jean-Paul Marie, Comment communier avec Dieu ?, accessible sur www.mybinyou.com*

réaliser. Les raisons sont multiples. On aura l'occasion d'y revenir dans une autre conversation.

J'ai mis la mère de mon enfant à l'écart, bien avant même qu'elle m'annonce sa grossesse. Car j'avais pris conscience de mon iniquité. Il m'est arrivé de douter de ma paternité, mais j'ai préféré prendre mes responsabilités que d'être jugé coupable devant le Tribunal de Dieu. J'avais le choix entre la marier et espérer qu'elle se convertisse dans le mariage ou alors la mettre à l'écart jusqu'à ce que je sois repenti et qu'elle soit sauvée. Nombreux sont les jeunes chrétiens qui se trouvent dans cette situation. **Ne mariez pas un homme ou une femme parce qu'il est le père ou la mère de votre enfant.** C'est une fausse raison. Même si celui-ci ou celle-là est la femme de votre jeunesse. L'homme ou la femme de jeunesse est celui dont on respecte le corps. Dès lors que vous brisez la loi et le protocole, il ou elle devient la femme/l'homme du péché, votre adultère. Le réflexe du chrétien conscient de son péché c'est la repentance. S'il n'y pas repentance un, deux, trois, quatre, cinq ans, voire plus, après la séparation, considérez votre relation comme une simple erreur de jeunesse. Apprenez de cette erreur pour renaître à nouveau. Vous aurez le choix entre le mariage avec un(e) autre conjoint(e) ou le célibat consacré. Car, tous les hommes et les femmes n'ont pas le mariage pour vocation : « Il y a des eunuques qui le sont dès le ventre de leur mère ; il y en a qui le sont devenus par des hommes ; et il y en a qui se sont rendus tels eux-mêmes, à cause du royaume des cieux. » (Mt 19 : 12).

Il y a donc des hommes et des femmes qui sont destinés à être célibataires à vie, par le ventre maternel (handicap grave, infirmité, incompatibilité génétique, maladie rare, certains cas de stérilité, etc.) Mais il y a aussi les hommes et les femmes qui ont été rendus ainsi par les hommes, notamment les rois et les chefs, pour le besoin de la société et du service. La dernière catégorie, c'est ceux qui le décident eux-mêmes pour le royaume des cieux et non pour une autre raison de ne pas se marier. Donc si tu décides de servir Dieu dans le célibat parce qu'on t'a forcé par ta religion ou ta dénomination, et non parce que tu l'as décidé de toi-même, il y a de fortes chances que tu deviennes un danger public sexuel ou un serviteur hypocrite. Si Dieu veut que tu le serves célibataire, il te l'ordonnera à toi-même, comme au prophète Jérémie et à plusieurs hommes oints qu'il a utilisés dans l'histoire. Et même jusque-là, le prophète Jérémie était libre d'accepter ou de refuser l'injonction de Dieu. L'apôtre Paul est la parfaite illustration des serviteurs de Dieu qui se sont faits eunuques eux-mêmes pour le royaume des cieux. Dieu ne lui a rien demandé, mais il a consacré son corps à Dieu. Nombreux sont les prêtres et religieuses catholiques qui suivent cet appel. . **Cependant, si vous le faites par snobisme ou par força, vous risquez de brûler de passion sur la chaire, dans les couvents et les presbytères.** Que celui qui a des oreilles pour entendre entende ! Par contre, si tu décides d'être célibataire à vie pour l'argent, pour le pouvoir ou pour tes projets propres, cela n'est pas de Dieu. Et ils sont nombreux ceux qui se livrent à ce genre de pratique et se trouvent, à cause du mauvais célibat, dans les bras de Lucifer. Faites attention !

6. La gestion du « cash » ou de l'argent

La femme qui ne sait pas gérer l'argent doit apprendre à gérer l'argent avant de se marier. C'est ce à quoi sert le célibat. Le célibat n'est pas un temps d'errance, mais d'apprentissage, de concentration et de consécration. Si vous ratez le temps du célibat et vous le considérez comme un désert et non comme une oasis, le mariage vous surprendra comme une bombe atomique. Le mariage vous détruira. Elles sont nombreuses les femmes qui ont conduit leur mariage à la ruine à cause de leur relation avec l'argent. L'argent de ration n'est pas l'opportunité d'économiser pour tes projets ou pour aider ta famille d'origine. L'usufruit qui restera de ta gestion de l'argent de la ration, réinjecte-le dans un autre domaine de la gestion de la maison (l'entretien du jardin et des meubles, l'éducation ludique des enfants, l'entretien des domestiques, etc.) La femme est la maîtresse des lieux, elle est le chef du foyer. Si tu as une gestion calamiteuse de l'argent, c'est un désastre. Fais des formations de courte durée en gestion si cela fait partie de ton faible. Mais la formation en gestion ne fait pas de toi une bonne gestionnaire, car ils sont nombreux les banquiers et gestionnaires qui se trouvent en prison. Assiste aux séminaires chrétiens sur la gestion des finances. Crains-Dieu en tout ce que tu fais. Sache que l'argent que ton mari te donne, c'est Dieu qui te le donne. Et tu rendras compte de ta gestion à Dieu au dernier jour, mais aussi à ton mari sur la terre. La femme sage n'investit pas dans les futilités et les vanités.

Jeune homme, si une jeune femme s'investit à te demander de l'argent tout le temps, il faut la craindre. Elle a des problèmes avec l'argent. La vraie fiancée n'ouvrira jamais la bouche pour te demander de l'argent. SI elle est courageuse, elle te parlera de ses problèmes. Si une jeune femme se plaint que tu ne lui as jamais offert des bijoux, des chaussures, des vêtements, alors que tu prends soin de sa santé, de son éducation, de ses frères et des parents, oublie-la ! Elle n'est pas faite pour le mariage. Elle est faite pour le monde. Ceux qui désirent se marier apprennent à se prendre en charge, à ne pas dépendre de leur conjoint. Même s'ils sont pauvres, le jeune homme ou la jeune femme, apprend à épargner pour son mariage. Si ton futur conjoint ou ta future conjointe est incapable d'épargner avant le mariage, il ou elle ne sera pas en même d'épargner après le mariage. Le mariage demande plus de charges et de ressources que le célibat.

Jeune femme si ton futur fiancé a des problèmes avec l'argent au travail, en famille ou au quartier, il faut le craindre. La chute financière d'un homme devient un fardeau familial. Votre fardeau peut devenir une prison. Et votre prison, un enfer. Bien pire, si tu es plus nantie que lui, soumets-le au test de l'argent à plusieurs reprises. Les filles riches ou issues de familles riches se marient malheureusement parfois à des voleurs. Ils jouent aux amoureux, mais en réalité, ce n'est pas toi qu'ils aiment, mais ton argent. Le voleur est en général un paresseux. Ce genre d'homme, ne l'épouse pas. Mais si ton futur conjoint a juste des difficultés de gestion de l'argent, tu peux l'aider à suivre de courtes formations complémentaires en gestion dans des établissements spécialisés ou lors des séminaires chrétiens. C'est ce à quoi sert aussi le célibat : se former seul, se former en couple.

7. Le compte financier

Comment peux-tu te marier sans avoir un compte d'épargne? Même si tu n'as que 16 ans, avant de te marier, tu dois épargner. Si tu n'as pas suffisamment épargné pour te prendre en charge seul(e) sur au moins un à deux ans, ne te marie pas! Cela te sera bénéfique toute ta vie. Le mariage ne presse pas! L'homme ou la femme de ta destinée n'est pas X ou Y. Dieu est un créateur d'opportunités et ne mariera jamais quelqu'un(e) à sa place. Même si Dieu te dit, tel jeune homme ou telle fille est ta moitié, si tu refuses, par ton libre arbitre, il ne te forcera pas. Voici pourquoi il est important d'apprendre à faire des comptes. L'on ne peut pas bien rendre compte si l'on n'a pas appris à épargner. Les filles qui ne savent pas rendre compte ne connaissent en général pas ce que c'est que l'épargne. Si un homme t'épouse demain et que tu as épargné avant, même si après vous ouvrez un compte commun, le jour où ton mari sera dans les difficultés, tu pourras l'aider. Si un jour, Satan conduit ton époux à la tentation et qu'il te répudie, qu'importe le motif, pour prendre une autre femme, tu auras de quoi prendre soin de toi, et des enfants si vous en avez, pendant au moins un ou deux ans. Car l'argent que tu auras épargné aura produit des intérêts. Dans le foyer, la femme doit systématiquement rendre compte de tous les états financiers en tant que chef de foyer. L'homme doit également systématiquement rendre compte de sa gestion financière du budget familial en tant que chef de famille. Vos deux budgets forment le budget familial cumulé ou global. Et vous devez rendre compte à Dieu de votre gestion commune. C'est de cela que vous en extrayez la dîme, que vous faites des épargnes et que vous consacrez une autre partie pour les aides, les projets d'entreprenariat et les œuvres charitables. Si ton futur conjoint ou ta future conjointe est réfractaire à te rendre des comptes, fais attention ! Avant de t'engager, rassure-toi, si possible avec preuves à l'appui, que ton partenaire rend compte.

8. La continence ou self-control

La maîtrise de soi émotionnelle ou sentimentale est cruciale pour consolider votre projet d'union. Soyons brefs sur cette question. Si avant de vous marier, vous avez commencé à vous caresser, à peloter, même si vous n'avez pas forniqué, c'est un adultère. Car Jésus en personne te met en garde : « quiconque regarde une femme pour la convoiter a déjà commis un adultère avec elle dans son cœur. » (Mt 5 : 27-28) Je connais des jeunes couples en préparation au mariage qui, lorsqu'ils vont en retraite, prennent des chambres séparées. J'ai vécu dans un pays où lorsqu'une jeune femme s'invite chez toi sans être te femme, elle risque six mois de prison. Dans ce même pays où les amants ne peuvent pas s'embrasser en public, les chambres d'hôtels sont accessibles aux couples que sous présentation d'un anneau ou d'un acte de mariage. Mais le chrétien n'a pas besoin de police. Celui qui vit par l'Esprit est au-dessus de la loi. Montre-toi donc au-dessus de la loi, contrôle-toi, crucifie ta chair. Car le sexe peut attendre et doit attendre. **Si avant le mariage, tu es incapable de supporter trois mois, six mois ou douze mois, voire deux, trois à six ans (et plus) sans rapport sexuel, ce n'est pas lorsque ta femme ou ton mari sera en mission que tu supporteras !** Forme-toi maintenant afin que demain, tu ne dises pas : « chérie(e), désolé(e), pardonne-moi je ne sais pas comment cela m'est arrivé(e) ! » Le diable rode comme un voleur pour mentir, dérober, détruire et dévorer. Vous devez passer avec succès plusieurs tests de self-control. Ne restez pas seul à seul dans le noir à des heures indues. Ne permets pas à ta fiancée de dormir sur ton lit avec toi, même si « vous êtes assez forts. » S'il arrive qu'elle te rende visite et qu'elle dorme chez vous, fais-la dormir chez ta mère ou ta sœur. Et en journée, prenez vos distances. Dans certaines églises, il n'est même pas permis de déclarer à une fille que tu l'aimes. Tout se passe entre les faiseurs de disciples ou les accompagnateurs spirituels. Ce sont des pratiques fort appréciables. Évitez de vous séduire l'un l'autre, c'est de l'impudicité. Si tu as en face de toi, plusieurs prétendants, soumets-les au test du self-control. S'il accepte de respecter ton corps avant le mariage, il a de bonnes bases pour te demeurer fidèle après le mariage. Il en est de même pour l'homme et ses prétendantes. L'homme ou la femme qui ne respecte pas ton corps, commun animal dresse-le, dresse-la ! Si le partenaire intempérant refuse d'obéir, éloigne-toi d'elle ou de lui. Car, il/elle ne t'aime pas, mais te désire. **Celui/celle qui aime, sait aussi attendre.** L'adultère est un impatient. L'homme ou la femme fidèle est doué(e) de saine patience. Fais attention aux faux patients !

9. « Cooking »

Si l'on est imprudent, l'on dirait que ce critère de la capacité à cuisiner est un choix féministe. Non, le pasteur Jenkins a vu juste. La jeune femme doit savoir faire la cuisine, et bien faire la cuisine. Sinon, le jour où son futur époux trouvera une fiancée qui prépare bien, il sera tenté d'avoir une préférence pour elle. Pourtant, ceci ne fait pas partie des critères fondamentaux du choix d'un conjoint. Car, même dans le mariage ou bien même pendant les fiançailles, on peut apprendre à cuisiner. Le problème c'est l'habitude ou la volonté. **Si la jeune femme n'était pas habituée à cuisiner quand elle était célibataire, ce n'est pas dans le mariage qu'elle trouvera le plaisir ou l'habitude de le faire.** Car, le mariage prend plus de temps, demande plus de responsabilité. Elle te dira : « il y a la nounou. » Et c'est ainsi que la « nounou » remplace certaines femmes dans le péché de leur mari. Jeune fille, ne sois en aucun cas coupable du péché de ton futur mari. Les gens te diront, même si tu donnes ciel et terre à un homme, il te sera toujours infidèle un jour. Ma sœur, c'est faux. Essaye, prie et tu témoigneras ! Si la jeune fille n'a jamais éprouvé la volonté de cuisiner dans le célibat, ce n'est pas dans le mariage qu'elle sera trop volontaire. En général, elle demandera parfois à son mari de cuisiner à sa place ou d'aller manger dans les restaurants.

Manger dans un restaurant n'est pas mauvais. Mais lorsqu'un couple mange plus dans les restaurants ou commande plus de nourriture qu'il n'en prépare, cela s'avère dangereux pour leur santé et pour l'épanouissement des enfants. Ne perdez pas le temps pour aller demander le « healing » dans les églises pour un cancer après avoir fait le tour des hôpitaux en vain, alors que Dieu vous a donné la possibilité de manger sain. **L'homme qui sait préparer est un bon ouvrier dans le couple.** Ta femme peut être malade. Elle peut être en déplacement pour une mission, est-ce toujours la « nounou » qui va préparer pour les enfants ? Savoir cuisiner affermit ton intimité avec ta femme, ta complicité avec tes enfants. Un homme qui prépare bien est un point en plus pour tout type de femme, même les femmes d'une certaine classe. Mon frère, pendant le célibat, initie-toi à la cuisine. Cela fait partie de votre amour. Si tu ne sais pas cuisiner, demande à ta mère ou à ta sœur de t'apprendre, surtout les mets favoris de ta bien-aimée.

10. « Cleaning »

Jeune homme, n'épouse jamais une femme si tu n'as jamais vu là où elle niche et comment elle vit. Au moins cette maxime, je l'ai appliquée dans ma dernière relation. Je suis allé, bon gré mal gré, chez celle que je voulais épouser. Nombreuses sont les filles qui paraissent au dehors. Mais quand vous entrez chez elles, c'est du bordel. **Une femme désordonnée dans ses œuvres sera désordonnée dans son esprit.** Si ta fiancée ne sait pas prendre soin de sa chambre, de son studio ou de son appartement quand elle vit seule, ne pense pas que c'est lorsque vous serez mariés qu'elle saura prendre soin de votre chambre. Pire, il faudra prendre soin de toute une maison, parfois de tout un immeuble ou de toute une villa. Certains partenaires deviennent infidèles à cause de leur époux ou de leur épouse qui ne savent pas prendre soin de leur corps ou de leur espace vital. Certains garçons font des jours sans changer de culotte (caleçon), c'est de l'irresponsabilité. **Ceci n'est pas un élément fondamental, mais rassure-toi que ton conjoint a passé le test du « cleaning » avant de lui mettre la bague au doigt, sinon votre maison deviendra une poubelle, et votre foyer un bordel. Et vos enfants hériteront cela de vous.** . Le chrétien doit être un modèle en tout. La propreté fait partie intégrante de l'hospitalité. **. Même si Christ est né dans une bergerie, il n'a pas ressuscité dans une porcherie !** Le chrétien est hospitalier et doit briller par son hospitalité. Il n'y a pas d'hospitalité en la poubelle. Parfois-même c'est un manque de révérence envers notre Seigneur Jésus-Christ. Un esprit saint dans un corps sain. Mets-toi à l'école de l'ordre, de l'hygiène et de la salubrité quand tu es encore célibataire !

CHAPITRE 4

Ce qu'il ne faut pas ignorer...

Le conjoint ou la conjointe idéale partagera le même lieu commun que toi, la même vision et aura connu ce que c'est que l'Amour. Tous ces ciments de de votre union seront scellés par une préparation identique au mariage.

1. Le même lieu commun

Le lieu commun fait référence à deux espaces : l'espace spirituel et l'espace ecclésial. On pourrait ajouter l'espace géographique. Vous devez partager la même foi ou la même spiritualité. Cela n'a rien à voir avec la religion. Ce n'est pas la religion qui sauve, mais la foi par la grâce. Ne confondez donc pas « religion » et « salut ». Car on peut être à l'église, sans être sauvé. Rassure-toi que ton fiancé ou ta fiancée est sauvé(e) avant de lui mettre la bague au doigt. Si tu ne peux le confirmer, travaille avec ton accompagnateur spirituel et ton parrain de mariage. Ensuite, cela ne suffit pas. Vous devez partager le même espace ecclésial, c'est-à-dire être engagés dans la même chapelle (église). Votre église doit être située au même endroit. Vous devez aller à l'église aux mêmes heures, ensemble. Il n'y pas de « je vais au culte (ou messe) du matin et toi tu vas au culte (ou messe) du soir ». Souvenez-vous que le démon rode. La plupart des femmes qui arrachent les maris d'autrui sont des « chrétiennes » d'église. Femmes, je ne vous demande pas d'épier votre mari, mais ne laissez aucune place à la tentation. Quant à l'espace géographique, certains couples se marient après avoir trouvé leur partenaire à distance.

Rassurez-vous qu'après vous être mariés, vous vivrez dans le même lieu. Si cela n'est pas possible à cause de votre situation professionnelle, privilégiez le rapprochement géographique à votre travail dès les cinq premières années de votre mariage. À défaut, malgré toutes les dispositions que vous aurez prises pour vous rencontrer chaque année, votre couple s'expose à l'irresponsabilité, à l'infidélité et au divorce.

2. La même vision

L'on ne se marie pas pour les beaux yeux de son fiancé ou de sa fiancée. **Le mariage est un appel, mieux c'est un acte de consécration à Dieu.** Les catholiques considèrent le mariage comme une vocation. Une vocation sous-entend une mission. Dans un couple, l'un ou l'autre peut avoir reçu l'appel à servir le Seigneur à plein temps ou à temps partiel. Le partenaire qui se marie doit accepter et intégrer cet appel dans sa conséquence avant de dire oui à l'appelé(e). Votre union, par le lien du mariage, fait de vous deux des appelés. Tous ensemble, vous servirez l'éternel avec vos dons et vos talents. Vos enfants seront une bénédiction pour votre ministère. Nombreux sont les couples de pasteurs à renommée internationale qui divorcent parce que l'un ou l'autre a caché son appel à l'autre avant le mariage. Ne cache rien, discutez en détails de ton appel et de ses implications. Si ta femme ou ton mari t'aime, il t'acceptera avec ton appel, avec ta mission. C'est même ce qu'il/ elle doit réellement épouser : la vision de Dieu dans ta vie, et non toi. Ainsi, même en ton absence, il/elle continuera l'œuvre. . **Les meilleurs couples, ceux qui réussissent, se sont unis pour la vision et non pour leurs beaux yeux ou leur belle intelligence.** . Pensez-vous que

Barack Obama serait devenu président des USA s'il avait épousé Rihanna ? Elle lui parlerait de ses concerts alors qu'il aurait besoin de son entier soutien pour sa campagne. Lorsque Michelle Obama s'est engagée, je dirai fondu dans la vie d'Obama, lorsqu'elle a épousé sa vision, ses échecs politiques ont connu une fin et il est allé de succès en succès. Souvenez-vous ! **Complémentarité.** Même si vous êtes prédestinés à un avenir particulier, le choix du mauvais partenaire pour la vision fera probablement que vous échouiez. Que serait devenu Angela Merkel si on mari lui avait réservé la place de femme de ménage ? Ils ont dû discuter abondamment de la vision. Et son mari a épousé sa vision. Les meilleurs couples s'harmonisent parfaitement dans la vision. C'est une vision qui se joint à une autre vision. Quand il y a conflit de vision au lieu d'harmonie, c'est la discorde, la séparation, le divorce. Nombreux sont les couples qui en souffrent ou regrettent. Jeune homme, jeune femme : harmonisez vos visions ! Vous devez également discuter de tous les 15 « c »-checks positifs et négatifs que nous avons vus. Parlez de votre vision humaine de la vie. Car l'homme n'est pas que spirituel, il a aussi une chair : les endroits que vous aimeriez visiter, le style de maison dans lequel vous souhaiteriez vivre, à quel âge vous souhaiteriez être père/mère, le nombre d'enfants en moyenne. Brefs, parlez de vos projets, de votre histoire et de vos ambitions. Entrez dans les moindres détails, ne fuyez pas les contradictions. À l'issue de ces échanges, vous saurez si ça vaut la peine de continuer. **N'ouvrez jamais votre cœur à un homme ou à une femme sans avoir abordé la question de la vision.** Vous mettrez la charrue avant les bœufs, vous le/la blesserez en cas de relation infructueuse. Et Dieu vous demandera des comptes pour cause de blessure intérieure. **Ne dites jamais « oui », si vous n'êtes pas de commun accord sur la vision.**

3. Le même amour

L'homme charnel de lui-même est incapable d'aimer. Car il est contrôlé par sa chair, ses désirs et ses passions. Mais l'homme spirituel a crucifié la chair, il aime par l'Esprit, qui vit en lui. Quand les Hommes disent « je l'aime », en général ce n'est pas l'esprit qu'ils aiment, mais la chair de l'autre, le goût de l'autre. Ce que le pasteur Mohamed Sanogo appelle « l'amour du poulet ». Ce que l'autre me fait quand je le/la vois. Ce qu'il ou elle m'apporte. Ce que je gagne en me mariant avec lui ou avec elle. **Ainsi l'amour charnel sera toujours démesuré. L'un aimera plus que l'autre. Mais l'amour divin est sans mesure. Il n'y a plus deux chairs, mais une seule chair ; aimer l'autre c'est s'aimer soi-même, voire plus que soi-même.** Nous n'allons pas revenir sur tout ce qu'on a déjà dit précédemment. Mais sachez que le véritable amour ne peut venir que d'en haut. C'est Dieu qui vous donne la capacité et le pouvoir d'aimer. Or pour aimer, il faut être sauvé. Sinon c'est un amour-injuste, un amour-déraison, un amour-passion, un amour-partiel, un amour-pitié, un amour-intéressé, un amour-calcul, un amour-philanthrope, un amour-forcé, un amour-maladif, un amour-moribond ou même un amour-précoce. Le vrai amour, qui ne peut être que mûr, authentique et spirituel, est parfaitement décrit dans l'hymne à l'amour de l'Apôtre Paul. Méditez-le avant de vous engager au mariage, ça vous fera du bien.

> « Je peux bien parler les langues des hommes, et aussi
> celles des anges, si je n'ai pas l'amour, je suis comme la
> trompette ou la cymbale : du bruit et rien de plus. 2 Je
> peux prophétiser et découvrir tous les mystères et le
> plus haut savoir ; je peux avoir la foi parfaite jusqu'à
> transporter les montagnes ; si je n'ai pas l'amour je ne
> suis rien. 3 Et si je donne tout ce que j'ai, si je me sacrifie
> moi-même, mais pour en tirer gloire et sans avoir
> l'amour, cela ne me sert de rien.
>
> 4 L'amour sait attendre, l'amour est compréhensif et il
> n'est pas jaloux. L'amour ne s'enfle pas, il ne se fait pas
> valoir ; 5 il n'a rien que de noble et ne cherche pas son
> intérêt. Il ne se met pas en colère, et il oublie le mal. 6
> Il ne se réjouit jamais de ce qui est injuste et prend
> plaisir à la vérité. 7 Il résiste à tout, il croit tout, espère
> tout et supporte tout.
>
> 8 L'amour ne passera pas, tandis que les prophéties
> auront un terme, et les langues cesseront, et le plus haut
> savoir sera oublié. 9 Car le savoir est partiel et la
> prophétie ne dit pas tout. 10 Quand viendra ce qui est
> parfait, tout ce qui est partiel disparaîtra. » (1 Co 13, 1-10)

4. La préparation identique

L'un de mes pères dans la foi m'a donné un jour ce conseil : « mon fils, n'épouse jamais une femme tant que vous n'avez pas suivi assidûment le même cours d'initiation au mariage. » Il s'agit de la préparation chrétienne au mariage. Les pratiques et enseignements diffèrent selon les religions et les dénominations, parfois même selon les chapelles et leurs bergers. C'est pour cela que, bien que certains réussissent, je vous déconseille fortement les mariages inter-religieux ou inter-dénominationnels. Bien plus, chaque église locale exerce une influence sur le contenu de la doctrine. Même si vous vous êtes préparés dans le célibat au mariage, quand vous avez l'assurance que Pauline ou Paul est votre bien-aimé(e), refaites un cours de préparation au mariage commun. Car, en tant que couple, vous êtes appelés à prêcher l'Évangile en dehors de votre engagement au travail. Ainsi, **, la diversité de vos apprentissages pendant le célibat constituera un enrichissement de votre dévotion à l'accompagnement de nombreux autres jeunes couples dans le chemin du mariage chrétien selon la volonté de Dieu.**

5. Un dernier conseil !

Travaille. Sors de ta bulle ! Quand tu as épargné, ton âme sœur ne viendra pas te chercher dans ta maison. Elle n'apparaîtra pas du ciel, comme un ange, parce que tu as prié ! Non ! Dieu est un créateur d'opportunités ! Jamais il n'agit sans l'homme et ne prends la place de l'homme. Alors, ne te néglige pas ! Habille-toi de manière élégante et responsable, comme si tu étais déjà un homme ou une femme mariée. La plupart des chrétiens qui ont des problèmes de mariage, c'est parce qu'ils vivent dans la mentalité du « célibataire » mondain. Tu dois avoir la mentalité d'un homme ou d'une femme mariée. Apprends à manger chez toi, à préparer à la maison, à prendre soin de ta mère comme si c'était ta femme, et de ton père commc si c'était ton mari. Soucie-toi des enfants de ton quartier comme si c'était tes propres enfants. Veille sur les endroits où tu mets les pieds, contrôle l'heure à laquelle tu rentres à la maison, etc.

Cependant, la plupart des vrais chrétiens tombent dans un piège : ils savent qu'ils vont épouser un homme ou une femme d'église. Mais qui t'a dit que ta femme se trouve dans ton église ? Tu peux la ramasser dans la rue, dans une campagne d'évangélisation et après c'est elle qui devient ta femme. Soit flexible ! Il y a des grands hommes de Dieu qui ont épousé des anciennes prostituées ! Ton mari peut ne pas être à l'église, mais dans une salle de gym, dans un supermarché, dans ton lieu de travail, à l'université ou dans l'appartement d'à côté... En lui prêchant la parole, il donne sa vie à Jésus-Christ. Et demain, c'est lui qui devient ton mari. Relaxe ! Jeunes célibataires, vous devez être fermes et non flexibles. Mais que la loi ne soit pas pour vous l'objet d'une constipation spirituelle et mentale. Agissez avec sagesse, bienveillance et maturité dans la recherche de votre futur (e) conjoint(e).

Marie-toi aussi pour les défauts. Aucun homme, aucune femme ne sera parfaite. L'homme ou la femme parfaite, ça n'existe pas. Mais l'homme ou la femme idéale, ça existe. La femme parfaite est parfaite. Elle n'a pas de défauts. Elle n'est pas de ce monde, puisque le monde aspire à la perfection. Mais la femme idéale peut avoir des défauts. Tu dois donc apprendre à la connaître jusque dans ses profondeurs. Et cela est un processus continuel. De nombreux hommes découvrent le vrai visage de leur femme, même au crépuscule de leur vie. Rassure-toi que tu seras en même de supporter les défauts de ton partenaire dans le mariage, sans vouloir la changer. **Car le mariage n'est pas une machine à transformation des défauts. C'est une machine à vapeur: on transpire et supporte les défauts.** Jeune homme, jeune femme, ceci n'est pas non plus une invitation au statu quo : « ou tu m'acceptes comme ça ou tu laisses ! » Tout défaut est appelé à être amélioré pour devenir un point fort. Et le bon conjoint ou la bonne conjointe est celui ou celle qui t'aidera aussi à améliorer tes défauts. Ceux qui t'encouragent dans le vice ne veulent pas ton progrès. Souviens-toi, prends-note de tous ces piliers et critères, prie et fais le bon choix !

CHAPITRE 5

Enfin, je vais me marier !

Dans ce chapitre, nous aborderons quelques éléments que nous avons ajoutés, comme plus haut, au sermon du pasteur Jenkins. Ces éléments nous sont inspirés de nos recherches personnelles, mais également de nos propres expériences.

1. Le mariage en 10 étapes

L'un des chapitres de la Bible où le mariage est relaté de bout en bout, en dehors de celui de Ruth et de Boaz, est celui de la Genèse : le mariage d'Isaac avec Rebecca. Plus spécifiquement dans Genèse, l'on décrit le mariage en plusieurs étapes : la bénédiction parentale (1), la vigne parentale (2), l'avis d'au moins un témoin (3), l'indépendance matérielle et financière (4), la descente au puits (5), l'arme conventionnelle de la prière (6), l'intérêt commun ou le service (7), l'amour papillon (8), la connaissance de l'autre (9), l'engagement (10).

Etape 1 : La bénédiction parentale

Il est écrit « Honore ton père et ta mère, afin que tes jours soient nombreux sur la terre » (Ex 20 : 12). Il est également écrit « Le cœur du roi est un courant d'eau dans la main de l'Eternel ; Il l'incline partout où il veut. » (Pv 21 : 1). Tout engendreur de famille est dirigeant et roi de cette famille et de sa lignée descendante. Ce serait une malédiction de se marier sans avoir obtenu la bénédiction parentale, votre roi et votre reine de famille, même si ceux-ci sont des occultistes. L'un des patriarches de la foi dans les Saintes-Ecritures, Abraham, avait pour père un occultiste : Térach. Le chemin vers Canaan avait d'abord été entrepris par Térach (Gen 11 : 31) avant même que Dieu ordonne à Abraham de quitter la maison de son père. Des marches que tu dois entreprendre, tes parents biologiques ont déjà entrepris une partie du chemin avant toi. C'est sur leurs fondations qu'il faut se lever pour bâtir une nouvelle destinée. L'on ne bâtit pas ex-nihilo.

Au sujet de la bénédiction parentale, il y a deux types de bénédiction que peuvent nous donner les parents : la bénédiction des lèvres, puis la bénédiction du cœur. Vous le verrez précisément dans la destinée des enfants d'Isaac. Les deux ont été bénis des lèvres. Mais l'un, en plus, a été béni du cœur : la bénédiction de destinée.

Il est écrit « Abraham était vieux et rassasié de ses jours » (Gen 24 : 1). Il y a un sous-entendu. Isaac avait été au service de son père jusqu'aux jours de sa vieillesse. Dans son cœur, Abraham était fier d'Isaac. Il faut se battre pour « gagner » le cœur de tes parents biologiques et spirituels avant de te marier. Ne te marie jamais sans la bénédiction de tes parents. L'expérience montre que la majorité de ceux qui l'ont fait n'ont pas eu un heureux mariage. Même si tes parents sont de grands sorciers, ils doivent être fiers de toi, de ton comportement, de tes agissements vis-àvis d'eux, avant que tu convoles en justes noces. C'est cela qui provoque la bénédiction du cœur. Mais elle n'est pas suffisante.

Avant de te marier, va voir tes parents, prie qu'ils te bénissent pour le projet d'union que tu comptes entreprendre [3]. Cela

---

[3]. *C'est la bénédiction des lèvres.*

n'exclut pas la bénédiction des lèvres qui suit au mariage traditionnel. C'est toujours important d'associer les parents dans toutcs les étapes du projet de mariage jusqu'à son aboutissement, afin qu'ils en soient également honorés. L'honneur parental va plus loin dans le processus du mariage des jeunes fiancés.

Etape 2 : Labourer dans la vigne parentale

L'Eglise, telle qu'elle est vécue et acceptée aujourd'hui, a commencé par une famille. Dans l'Ancienne Alliance des frères de sang et d'alliance (Moïse, Aron, Nadab, Abihou et Hour) étaient à la montagne de l'Eternel accompagnés d'autres personnes jusqu'à ce que la nuée tombe et qu'ils entrent en communion avec l'Eternel. Dans la Nouvelle Alliance, il est écrit que les disciples avec la mère de Jésus étaient rassemblés en un lieu jusqu'à ce que le Saint-Esprit descende sur eux. Bien plus, nos études révèlent que les douze disciples avaient la même parenté maternelle : les trois Marie. Que ce soit dans l'Ancien ou le Nouveau Testament, le mouvement de la relation avec Dieu a commencé par une famille biologique et spirituelle. C'est pour cela que lorsque le jeune homme quitte sa famille, c'est pour épouser une autre famille en vue d'engendrer une nouvelle famille. Il y a alliance entre deux camps qui deviendront un seul camp. Toutefois, les camps qui s'unissent en vue d'un destin commun doivent être compatibles.

C'est pour cette raison qu'Abraham a fait jurer à son serviteur «Jure-moi que tu ne prendras pas pour mon fils une femme parmi les filles des Cananéens, mais que tu iras dans mon pays, au sein de ma parenté, prendre une femme pour mon fils Isaac. » (Gen 24 : 4). **). La parenté symbolise ici la compatibilité**

originelle et spirituelle. La compatibilité parentale doit précéder l'union de deux enfants chrétiens nés de nouveau. Et cette compatibilité est essentiellement spirituelle. Conscient de de l'importance de l'alliance entre deux personnes qui s'aiment, l'Apôtre Paul a vivement recommandé aux chrétiens « Ne vous mettez pas avec des incroyants sous un joug qui n'est pas celui du Seigneur. En effet, ce qui est juste peut-il s'unir à ce qui s'oppose à sa loi ? La lumière peut-elle être solidaire des ténèbres ? Le Christ peut-il s'accorder avec le diable ? Que peut avoir en commun le croyant et le non croyant ? » (2 Co 6 : 14-15, BS)

Abraham était bien conscient que ses valeurs n'étaient pas celles des cananéens et qu'il avait été appelé à labourer dans une nouvelle terre offerte par Dieu, selon les règles fixées par Dieu. Les chrétiens nés de nouveau ne doivent pas se lier avec des païens par le lien du mariage. La famille de la fille ou du garçon que vous épousez, affectera indubitablement la destinée de votre couple. Vous pouvez être nés de nouveau, mais l'homme ou la femme que vous voulez épouser est-il/elle né.e de nouveau ? La famille que vous comptez embrasser : quelles sont ses valeurs ? Accepte-t-elle ou rejette-t-elle Dieu ? Croit-elle en la résurrection de Jésus-Christ ?

Si ces conditions ne sont pas réunies, **il y a de fortes chances que le couple soit épanoui au début du mariage, mais que la famille biologique devienne un point d'achoppement à leur union par ses us et coutumes, ses habitudes et ses valeurs parfois antinomiques à la nouvelle naissance et la volonté parfaite de Dieu pour le jeune couple.** À titre d'exemple, vous pouvez épouser une jeune fille née de nouveau mais dont le père est un occultiste. Il y a trois scénarii possibles : le père de la fille se convertit et vous devenez de bons amis, des frères en Christ (1), le père de la fille ne se convertit pas mais n'est pas non plus heureux du mariage de sa fille avec un chrétien en lieu et place d'un jeune occultiste qu'il proposera à sa fillc (2), le père de la fille ne se convertit pas et combat votre mariage mystiquement même après avoir accepté de ses lèvres que sa fille vous épouse (3).

Certes toute personne qui est en Christ est une nouvelle créature, les choses anciennes sont passées. Mais vous devez également comprendre que le mariage n'est pas uniquement une affaire de volonté de Dieu, de salut, mais une affaire d'alliance. Et les alliances obéissent parfois à d'autres principes, celui des autels familiaux. **Vaut mieux labourer dans une terre paisible que de labourer dans une terre tumultueuse.** Ce deuxième critère sur la vigne familiale est essentiel, lorsque par exemple il se présente à vous plusieurs choix. Les familles occultistes peuvent se marier entre-elles sans soucis majeurs. Il en est de même pour les familles païennes. Les croisements ne sont possibles qu'à condition que les familles païennes ou occultistes se convertissent et soient délivrées. Si ces conditions ne sont pas réunies, le jeune couple court d'énormes dangers même s'ils sont nés de nouveau : mort précoce d'un partenaire, maladies bizarres, infertilité, risque de divorce, discorde familiale, adultère, crise de folie, etc. Jeunes fiancés, êtes-vous spirituellement parentés ? Si oui, dites-moi qui sont vos témoins, je vous dirai de quelle nature sera votre mariage.

Etape 3 : L'aveu d'au moins un témoin

Il n'y a pas de hasard dans la bible. C'est un membre de la famille d'Abraham, son serviteur, qui a confirmé le choix de l'épouse de son fils. Même dans le mariage coutumier et civil, on exige toujours la présence de témoins. Selon Genèse 24 : 9, **le témoin est le garant de l'ordre parental, de la volonté familiale, des desseins de Dieu pour la famille.** Il vient confirmer le choix des fiancés, mieux l'autorisation parentale. Que représente cela dans le règne de l'esprit ?

Certains jeunes, pressés de se marier, se sont engagés au mariage sans l'autorisation de leurs parents, avec de faux témoins, c'està-dire, ceux qu'ils ont choisis et non ceux qui ont été approuvés par leurs propres parents. Selon le modèle biblique, le témoin est issu de la famille parentale. Au sens propre, il s'agit de la famille biologique. Au sens figuré, il correspond à la famille professionnelle ou spirituelle.

Dans certains cas, les parents biologiques n'approuvent pas la famille spirituelle de leurs enfants, s'opposeraient radicalement à leur union qu'ils qualifient de sectarisme ou d'autre malheur. La responsabilité revient aux jeunes tourtereaux de convaincre leurs parents de leur projet d'union et de trouver les bons témoins, qui font l'unanimité entre la famille biologique et la famille spirituelle.

Parfois c'est le premier oncle ou la première tante qui a cru dans la famille et qui a été rejeté par les siens qui devient le bon témoin, celui de l'unanimité. Parfois, c'est un oncle riche, bien vu dans la famille, intellectualiste et ouvert à la chrétienté qui est également imposé comme témoin. Le père spirituel peut aussi servir de témoin. **Au cas où il ou elle n'est pas témoin, il serait impératif que votre mariage soit approuvé par votre père ou mère dans la foi.** Dans ce cas précis, chaque dénomination religieuse a son protocole de confirmation d'un projet d'union au sein d'une assemblée. Ils sont aussi différents et complémentaires les uns des autres, tout comme les étapes du choix d'un bon conjoint.

Etape 4 : L'indépendance matérielle et financière

Isaac, avant de se marier, était un homme extrêmement riche. Il était l'unique héritier d'Abraham. La fortune de son père lui appartenait. En notre temps, il est peu probable pour chaque famille d'assurer à chacun de leurs enfants un héritage qui permet de se prendre en charge avant les noces. Dans certaines contrées, et cela est parfois culturel, à 40 ans voire 50 ans, certains adultes vivent encore chez leurs parents, dans l'incapacité de se marier, pire de se prendre en charge.

À l'époque d'Abraham, les fils travaillaient à l'héritage des pères. De nos jours, le monde est presqu'en l'envers : le fait d'être fils, légitime ou non, ne te garantit pas forcément un héritage. Le capitalisme dictant sa loi universelle, vous pouvez naître dans une famille riche et ne jamais hériter des biens de vos parents surtout si votre famille est polygame, le cas de la plupart des pays musulmans ou africains. À l'opposé, vous pouvez naître dans une famille pauvre, par la force du travail, bâtir pour votre famille l'héritage que vos pères n'ont pas pu vous léguer.

Dans mon cas, malgré que nous soyons tous deux issus de la famille africaine, je me suis marié avec mon épouse à l'européenne, sans soutien financier majeur venant de quelque part au sein de ma famille. Mon épouse et moi, n'avons hérité, pour l'instant, d'aucun droit de nos parents. Nous devons tout bâtir de zéro. C'est certainement le cas pour toi qui me lis ?

S'il en est le cas, ne t'hasarde pas dans le mariage lorsque les conditions matérielles et financières pré-requises ne sont pas réunies. Cela peut devenir un instrument de déstabilisation et de destruction de ton couple demain. . **Le couple ne se nourrit pas d'amour et de miel sauvage. Un couple a besoin de ressources matérielles, humaines et financières pour être équilibré. S'engager dans le mariage sans y être préparé mentalement et financièrement contribuerait à la création d'un grand désastre.** Il est écrit : « Alors le serviteur mit sa main sous la cuisse d'Abraham son maître et lui jura d'exécuter ses ordres. Par la suite, **il prit dix chameaux de son maître et partit en apportant toutes sortes de biens excellents appartenant à son maître.** » (Gen 24 : 9-10) Supposons qu'un chameau représente simplement 1500 euros. Isaac prit avec lui environ 15.000 euros en plus de toutes autres sortes de biens excellents, c'est-à-dire, environ 15.000 euros supplémentaires pour aller marier sa femme selon la tradition. Isaac avait épargné au moins 30.000 euros, l'équivalent d'environ 20 millions de FCFA, pour le mariage traditionnel de son épouse.

Cette somme autrefois représenterait aujourd'hui son épargne pour le mariage traditionnel, civil et religieux. Dans bien de cas, certains couples seraient incapables de réunir pareille somme pour leurs noces. Certains couples y trouveraient même une allure de gaspillage. D'autres par contre seront en mesure de pourvoir à cette somme x 2, 4 à 5 fois pour la totalité de leurs noces. Tout dépend de la nature et de qualité du portefeuille de chaque couple. La leçon à retenir de cet unique passage de la bible qui décrit de manière laborieuse le mariage est que **nos patriarches ne se sont pas mariés les mains vides.** Bien plus, l'argent dépensé pour le mariage n'incluait pas la réserve d'Abraham pour prendre soin de son épouse. Il est conseillé, notamment dans les systèmes patriarchaux, d'économiser, après le mariage le nécessaire pour prendre soin de votre épouse pendant au moins douze mois d'affilé, le temps d'apprendre à vous adapter, san heurt, à la nouvelle vie que vous avez embrassée.

Toutefois, le mariage en notre temps, n'est plus l'affaire d'une seule personne. Et le Seigneur lui-même s'adapte aux conditions de chaque nation, de chaque époque. Il serait presqu'impossible, dans certaines congrégations chrétiennes, de voir les dépenses liées au mariage reposer uniquement sur une seule personne. **La femme, aussi bien que l'homme, devraient tous les deux contribuer à l'édification humaine, matérielle et financière de leur futur couple.** Cela pourrait ne pas être à la même proportion en fonction des conditions sociales et professionnelles des intéressés. Cependant, il est conseillé aux deux jeunes tourtereaux d'apporter chacun sa contribution. L'absence totale ou partielle de contribution de l'un ou de l'autre à cette charge maritale pourrait entrainer des distorsions liées à l'éveil de l'égo de celui qui aura porté toute la charge ou à des frustrations liées à la culpabilisation de celui ou celle qui n'est pas en état de contribuer.

Les réserves matérielles et financières sont utiles pour le paiement du loyer sur au moins un an ou la construction de la première maison du couple, s'il n'a pas reçu un cadeau lié au logement ou si l'homme n'a pas encore pu se loger. Car certains jeunes parviennent à obtenir leurs premières maisons dès l'âge de 16 ans ou de 18 ans. Puis, surviennent d'autres frais liés aux responsabilités familiales et sociales qu'il faut absolument assumer au risque de voir sa famille loger dans la rue après un mariage chrétien béni par des hommes de Dieu. Je ne souhaite pas que cela soit ta portion. Alors, ne te précipite guère, prends le temps d'étudier ton potentiel matériel et financier et celui de ton partenaire avant de t'engager. **Si l'avenir est incertain à présent, vaut mieux ne pas se marier que de vivre prisonnier de la foi demain.** Avant de présenter ton projet d'union au Seigneur, rassure-toi que tu as au moins quelque chose de réel et réaliste en main. Car même la multiplication des cinq pains et deux poissons, la transformation de l'eau en vain, s'est produite à partir de quelque chose qui était bien disposée et très bien organisée. Disposez-vous ! Organisez-vous avant de vous y engager. L'inverse serait suicidaire, même si vous avez la foi. Ce n'est qu'après y avoir sérieusement pensé que vous pouvez envisager la descente au puits.

Etape 5 : La descente au puits

La descente au puits est l'une des étapes les plus délicates, laborieuses de recherche de l'âme sœur. Pour certaines personnes, cela arrive comme un coup de baguette magique. Mais dans biens de cas, il faut se livrer à un exercice d'observation méticuleuse, de nerfs, de patience et d'espérance. Car elle n'est pas toujours généreuse. Au puits, le jeune fiancé doit aller pêcher. Au puits, la jeune fille doit s'y trouver.

Les étapes proposées dans la recherche de l'âme sœur ne sont pas forcément successives. D'aucuns trouveront très vite leur Reine de Saba, mais ils peineront à s'engager dans le processus du mariage, soit à cause des compatibilités personnelles et familiales, soit à cause des ressources financières limitées. D'autres par contre auront tous ces moyens, mais ils auront beaucoup de peine à trouver l'âme sœur. Il est rare que Dieu vous accorde tout à quelqu'un(e) en un seul lot. Quand trouver l'âme sœur devient comme une course dans le vide, il faut apprendre à aller pêcher au puits.

L'image du puits et des poissons a une portée symbolique unique. Jésus a rencontré la femme samaritaine au puits. Elle parla à Jésus du puits de Jacob, fils d'Isaac. Moïse a rencontré son épouse Myriam au puits. Abraham a eu plusieurs histoires de puits avec ses épouses ; son fils Isaac rencontrera également son épouse Rebecca près d'un puits. J'eu une vision en début d'année 2022 où je pêchais dans un puits profond d'une de mes anciennes, Rachelle, des poissons licornes. Ainsi, le puits est symboliquement lié à la pêche, parfois à la pêche miraculeuse. L'on va au puits parce qu'on a besoin d'eau. Mais on va également au puits parce qu'on pourrait y faire des rencontres.

Il est écrit : « Il prit la direction de la Haute-Mésopotamie, du côté de la ville où habitait Nachor. Arrivé là-bas, il fit s'agenouiller les chameaux près d'un puits, à l'extérieur de la ville. C'était le soir, au moment où les femmes sortent pour puiser de l'eau. » (Gen 24 : 11).

Dans la conquête de l'âme sœur, il faut parfois se déplacer : le temps, le lieu. Quitter un espace pour un autre, changer ses habitudes pour en épouser d'autres. Il y a des enfants de la barrière qui ne sortent jamais de leur domicile, il y a les enfants de l'église qui ne connaissent aucun autre endroit en dehors de la maison que l'église, il y a les enfants de l'école, mais aussi les enfants du travail. Ce sont des personnages figés. Ils attendent leur mari ou leur épouse à l'église, à l'école, à la maison ou au travail. La vie hélas n'est toujours pas faite ainsi. Certains ont rencontré leurs partenaires de vie dans un stade de football, dans une salle de cinéma, dans un taxi, un métro, un avion, le long du chemin, dans une salle de conférence pour jeunes célibataires, dans un pique-nique, à la fête, sur les sites de rencontre en ligne, etc.

Quand tu as l'impression d'attendre trop longtemps alors que tu te sens prêt et que tu as trop prié, c'est le signe et même la saison d'oser quelque chose de nouveau, de sortir de ta zone de confort, de travailler sur les frontières de tes convictions personnelles et profondes, d'aller au puits attendre ou pêcher.

Prenons une simple illustration. Certaines filles se sont jurées qu'elles n'iront jamais sur des sites de rencontres chercher le prince charmant, parce qu'il y a des faussetés et c'est dangereux. Justement le puits est un endroit parfois dangereux. Combien de personnes ont été trouvées mortes ou accidentées dans un puits ? Et si l'homme de ta destinée se trouvait à des années lumières de toi, cela signifierait que tu ne te marierais jamais ! J'ai été frappé par l'histoire d'une jeune missionnaire américaine qui, dès son enfance, avait eu une vision qu'elle irait en mission au Kenya. Devenue adulte, elle a vendu tous ses biens pour se payer un billet d'avion et aller épouser un pauvre jeune homme kenyan qu'elle avait rencontré sur les réseaux sociaux. Ils sont mariés aujourd'hui, servent le Seigneur dans un village du Kenya et ont de jolis petits enfants métissés.

Ce n'est peut-être pas la meilleure illustration dans ce cas. **Mais sachez que se marier sous-entend prendre des risques.** . Le premier risque raisonnable à prendre c'est d'aller prudemment au puits, car dans tous les lieux de la terre il y a toujours des brebis galeuses et des bourreaux. Certaines jeunes filles en allant à une fête dans l'espoir de trouver l'âme sœur ont perdu leur virginité avec le plus gros voyou du lycée, ont été violées ou mortellement accidentées. **Le puits est nécessaire, mais dangereux. Et quand bien même tu trouves l'homme ou la femme de ta destinée à l'église, ce n'est pas à l'église qu'on teste la confiance ou la fidélité de son partenaire. C'est dans les moments d'épreuve, au puits, quand il n'y a pas d'eau à la maison ou quand les sources de la rivière tarissent.**

Il y a un dernier élément capital dans la descente au puits. La bible dit qu'Isaac est descendu au moment où les femmes sortent pour puiser de l'eau. Si tu vas à un stade de football quand il n'y a pas de match programmé ou plusieurs heures avant que le match ne soit lancé, tu risqueras de ne trouver que des gazons ou un stade presque vide. L'heure de la descente est donc cruciale. Chaque boîte de nuit a son heure d'ouverture et son heure de fermeture. Même dans la nature, il y a des moments et des lieux favorables pour pêcher les poissons. Cela demande donc un effort d'adaptation, de changement de comportement ou d'habitude.

Pendant trois années, j'avais cherché désespérément l'âme sœur. Mais je ne savais pas qu'une amie d'enfance, de la toute petite enfance, devait devenir plus tard mon épouse. Pourtant nous avons fréquenté la même école, la même université et vécu dans les mêmes villes pendant la plus grande partie de notre jeunesse.

Mais à cause d'un évènement organisé dans un temps précis, et dans une ville dans laquelle elle accepta de s'y déplacer sans retour, nous sommes devenus un couple missionnaire aujourd'hui. N'est-ce pas merveilleux !

Enfin, je vais te raconter une anecdote. Quand j'étais en

formation missionnaire, le dirigeant de notre communauté, le Fr. Théodore Andoseh, autrefois missionnaire au Nigéria et « fils héritier » du Professeur Zacharias Tanee Fomun, l'un des pères du réveil au Cameroun, demandait à tous les jeunes aspirants missionnaires de déclarer s'ils étaient « sur le marché » ou pas. Être sur le marché pour lui signifie être comme Rebecca ou Isaac, un jeune célibataire au puits dans l'attente de l'âme sœur. Il y avait très peu de jeunes filles missionnaires contrairement aux jeunes hommes missionnaires. J'étais déjà conscient de la théorie de la descente au puits, mais sauf que je ne voulais pas faire d'effort. Toutes les filles missionnaires qui étaient aux puits ne m'ont laissé aucune chance, même celles que j'estimais ne pas être à ma « pointure », car je désirais à tout prix me marier. Après la formation, je suis allé rencontrer le frère Théodore qui m'a dit ceci : « Yannick, si tu veux les filles vierges de France, des USA, d'Australie, de Colombie, même les métisses, il y en a chez nous. On peut t'en trouver. Mais je t'en prie…va sur le champ de la moisson, pêche dix jeunes filles que tu offriras à Christ et ramène-les-moi, je te montrerai qui est ton épouse parmi elles. »

Le Fr. Théodore m'envoyait d'une manière ou d'une autre au puits, comme si c'était une étape cruciale pour l'émancipation de l'homme solitaire. J'étais triste et en colère dans mon cœur contre lui. Mais il avait raison, car il avait déjà prophétisé comment je devais rencontrer mon épouse : sur le champ des moissons. Aller au puits, c'est aller à la moisson pour un chrétien. Peut-être est-ce également le temps pour toi de faire cet effort de guerre pacifique pour trouver ta moitié ? Sache que dans ce combat, les âmes physiques, matérielles et intellectuelles ne suffisent pas. Il en faut bien plus.

Etape 6 : L'arme conventionnelle de la prière

Pour le païen, la prière est une arme non-conventionnelle. Mais pour le chrétien, elle est une arme conventionnelle. L'Apôtre Paul a recommandé de s'armer spirituellement de toute sorte d'instrument de combat dans la marche sur terre avec Dieu : « C'est pourquoi, prenez toutes les armes de Dieu, afin de pouvoir résister dans le mauvais jour, et tenir ferme après avoir tout surmonté. Tenez donc ferme : ayez à vos reins la **vérité pour ceinture** revêtez **la cuirasse de la justice** ; mettez pour **chaussure** à vos pieds **le zèle que donne l'Évangile de paix** ; prenez par-dessus tout cela **le bouclier de la foi**, avec lequel vous pourrez éteindre tous les traits enflammés du malin ; prenez aussi **le casque du salut, et l'épée de l'Esprit**, qui est **la parole de Dieu.** » (Eph 6 : 13-17)

Il y mentionne à peu près six (6) armes de prière victorieuse : la vérité, la justice, l'Evangile de paix, la foi, le salut et la parole de Dieu. Dans le cadre d'un projet d'union, tout chrétien devrait rechercher dans la foi une âme sœur qui est déjà sauvée. Et si elle n'est pas sauvée, il faut s'armer de chaussures de l'Evangile pour gagner son partenaire à Christ avant n'importe quel projet de conquête amoureuse. Et si ton partenaire est déjà sauvé, d'autres armes sont nécessaires : la ceinture de la vérité, le bouclier de la foi et l'épée de la parole de Dieu. Dieu a déclaré qu'il n'est pas bon que l'homme soit seul. Ce même Dieu a déclaré que l'homme quittera son père et sa mère et s'attachera à sa femme et les deux ne formeront qu'une seule chair. C'est sur ce genre de déclaration de foi qu'il faut parfois prier et jeûner de manière systématique, persistante et avec des attentes lorsqu'on recherche avec difficultés l'âme sœur.

Il n'est pas exclu qu'un chrétien jeûne et prie pour trouver l'âme sœur. Il est même recommandé de le faire, car de **ta moitié sur terre dépend la totalité de ta destinée.** Si les patriarches ont prié pour l'âme sœur avec insistance, qui es-tu pour ne pas prier pour l'homme ou la femme de ta destinée ? Il est écrit au sujet du chercheur de l'âme sœur : « Alors il pria: Eternel, Dieu d'Abraham mon maître, veuille témoigner ta bonté à mon maître en me faisant rencontrer aujourd'hui celle que je cherche. Voici, je me tiens près de la source et les filles des habitants de la ville vont venir puiser de l'eau. Que celle à qui je dirai : « S'il te plaît, penche ta cruche pour me donner à boire » et qui me répondra « Bois, et je vais aussi faire boire tes chameaux » soit celle que tu destines à ton serviteur Isaac. Ainsi je saurai que tu témoignes de la bonté à mon maître. » (Gen 24 : 12-14).

Il y a dans cet extrait l'un des secrets les plus puissants dans la conquête de l'âme sœur désirée. **Le premier secret : le serviteur exprime une demande précise.** Quel est le type de femme ou d'homme que tu souhaiterais marier ? Parfois, l'on veut se marier, mais on n'a vraiment pas de demande précise. **Le deuxième secret est celui-ci : le serviteur intercède auprès de Dieu pour la future femme d'Isaac.** En plus d'Isaac qui cherche femme, il y a un proche parent qui met les genoux à terre pour lui. Il est parfois bon de se confier à un frère, une sœur en Christ, une personne de confiance appelée au ministère de l'intercession ou un proche parent né de nouveau afin qu'il intercède pour toi dans ta quête maritale. **Le troisième secret est le suivant : après avoir prié ou pendant qu'il prie, le serviteur fais un pas de foi en allant sur le terrain, en observant au puits : « voici je me tiens près de la source ».** Il est aux aguets, attentif, dans le désir ardent de trouver un poisson de destinée. Les pêcheurs qui rentrent avec les plus grandes prises sont ceux qui sont les plus habiles et les plus attentifs. Et cela demandc parfois de se bouger dans tous les sens du terme. Si vous jeûnez et priez, enfermés dans quatre murs pendant des mois, immobiles sur place, vous allez certainement en mourir sans exaucement. Après la prière, il faut sortir de ses quatre murs. Car la solution est toujours en dehors des quatre murs. **Le quatrième secret: prier par révélation ou jusqu'à obtenir la révélation.** Le serviteur a dit : « que celle à qui je dirai… ». Il a prié jusqu'à obtenir un signe de qui sera sa femme. Peut-être était-ce le signe que son maître lui avait donné ? Quel est le signe que Dieu te donne au sujet de ton futur partenaire ? **Le cinquième secret : sceller sa demande dans les desseins éternels de Dieu.** Beaucoup de personnes prient et demandent à Dieu. Mais en quoi est-ce que ton exaucement contribuera-t-il à faire avancer les projets du Royaume ou à accomplir une promesse de Dieu sur la terre ? Le serviteur a clôturé sa prière ainsi : « [paraphrase] alors, je reconnaitrais que tes promesses vis-à-vis d'Abraham ton prophète et serviteur sont vraies, car Isaac est celui par qui tu passeras pour multiplier sa descendance comme les étoiles de la terre. » Ces analyses ne sont pas de simples réflexions. **Dieu est plus mu par les projets du Royaume que par les projets mondains.**

En quoi est-ce que ton projet de mariage est un projet divin qui rentrerait dans les desseins universels de Dieu, mais surtout afin d'accomplir les projets de Dieu dans ta famille et dans ta contrée ?

Nombreux sont ceux qui passent à côté de leur destinée maritale, parce qu'ils ne mettent pas Dieu au centre de toute chose. J'ai commencé à prier sérieusement, en sanglot, pour la femme de ma destinée trois années avant notre rencontre après les conseils du prophète Jérémie Soudril [4]. À cette époque, je sortais d'une rupture avec une fille qui est finalement devenue une religieuse catholique. Elle avait reçu son appel, m'avait-elle dit. J'étais désemparé. Car nous étions « fiancés », officieusement tout de même. C'est même chez elle que j'avais passé tout seul mes deux semaines de préparation à ma première soutenance de master.

J'ai prié pratiquement trois fois par jour pour la femme de ma destinée pendant douze mois d'affilé. La deuxième année, j'ai rencontré une jeune fille qui est devenue la mère de mon fils premier-né. Une manière de dire que ce n'est pas parce que tu sors d'un désert après quarante jours et quarante nuits que le premier arbre fruitier que tu rencontreras vient de Dieu. Après le temps de prière, il faut rester dans la veille. Car c'est au désert, dans la privation, que Jésus a connu les plus grandes tentations de son ministère. Après ce temps de tentation, qui a duré pratiquement trois années, je me suis résolu à la veille pour ma bien-aimée, car j'avais cessé de prier pour la femme que je ne connaissais pas. Vers le milieu de la quatrième année

4. *EMCI TV, Canada.*

de mon attente, j'ai commencé, après avoir écouté un enseignement du pasteur Marcello Tunasi sur la sainte colère, à jeûner pour ma future épouse. Car auparavant je priais pour elle sans jeûner. Jeûne de 3 jours, jeûne de 7 jours, jeûne de 15 jours, puis jeûne de 21 jours. Au terme de chaque jeûne j'avais, plus ou moins, une révélation partielle de l'identité et de la forme physique de mon épouse. Dieu m'a donné trois signes majeurs en songe qui ont été déterminants pour la rencontre et le choix final de celle qui est aujourd'hui mon épouse et à qui j'ai dédicacé cette œuvre. Sans cet exercice spirituel persistant, j'aurai certainement, à 99%, été marié à une autre femme. Ainsi, nombreux sont les couples chrétiens ou païens brisés ou détruits à cause des mauvais choix. **Sans la prière et le jeûne, à cause de la précipitation et des séductions de ton cœur, tu risques de faire le mauvais choix.** Que Dieu te préserve du mauvais choix par cette lecture !

Etape 7 : L'intérêt commun ou le service

L'un des passages bibliques qui fait penser aux films romantiques est le passage suivant : « Il n'avait pas encore fini de parler, que Rebecca arriva, la cruche à l'épaule. C'était la fille de Betouel, fils de Milka, et de Nachor, le frère d'Abraham. [...] Elle descendit à la source, remplit sa cruche et remonta. Alors **le serviteur courut** à sa rencontre et luit dit:

- S'il te plaît, laisse-moi boire un peu d'eau de ta cruche.

Elle répondit :

- Bois, mon Seigneur !

- Et **elle s'empressa** de descendre la cruche de son épaule pour la prendre dans ses mains et de lui donner à boire.

  Après quoi, elle lui dit :

- Je vais aussi **puiser de l'eau pour tes chameaux,** jusqu'à ce qu'ils aient assez bu.

Elle s'empressa de **vider sa cruche** dans l'abreuvoir, courut encore au puits et **puisa de l'eau pour tous les chameaux !** Le serviteur, étonné, l'observait sans dire un mot pour voir si, oui ou non, l'Eternel faisait réussir son voyage. » (Gen 24 : 15-20)

Oh mon Dieu ! Quelle révélation ! Quel enseignement ! Tandis que moi-même j'écris, je suis enseigné par le Saint-Esprit. L'une des raisons principales pour lesquelles deux personnes se mettent intimement ensemble, c'est pour se servir mutuellement. C'est pour cette raison qu'il est écrit : « Qui trouve une femme a trouvé le bonheur, c'est une faveur de Yahwé » (Pv 18 : 22)

Ainsi, vous verrez que les meilleurs couples sont ceux qui vont au-delà de l'apparence physique. Pourquoi est-il « laid » et a-t-il épousé une femme aussi belle ? Pourquoi est-elle si « grande » de taille et a-t-elle épousé un homme aussi « court » ? Pourquoi est-il autant « beau » et « raffiné » et a-t-il épousé une femme aussi « grosse » et « villageoise », etc.

L'amour du service était le principal sujet d'attraction entre Rebecca et Isaac. Isaac cherchait une femme serviable, Rebecca désirait servir un homme de tout son cœur. Il l'a fait avec empressement (le serviteur [et Isaac] courut vers

Rebecca pour changer sa vie). Rebecca l'a fait avec empressement à deux reprises, pour lui et pour tous ses chameaux, au point de vider sa propre cruche pour servir son futur mari. Oh mon Dieu ! **Vider sa propre cruche, son propre reservoir, sa propre reserve.**

Avant la naissance de l'amour, naquit la flamme du service. Les deux étaient engagés à se servir mutuellement l'un et l'autre, non pour un gain personnel ou des projets individualistes, mais pour leur bien à eux deux, celui de l'autre en priorité. C'est ainsi que naît l'amour, dans le service et nulle part ailleurs. Car tout ce qui brille n'est pas forcément or. Or, l'or à l'état brut est caché dans l'eau ou dans la terre. Quel est ce diamant brut que tu as laissé passer sur ton chemin sans t'en rendre compte ? Va, rentre-le (la) chercher. N'aie pas honte, humilie-toi et sers. Tout n'est pas fini. Tu peux recommencer à zéro là où hier tu as échoué.

Enfin, ne l'oublie pas, la figure sur les chameaux est un point d'honneur. Une femme peut t'aimer, mais ne pas aimer ceux qui sont autour de toi. Un homme peut te demander en mariage, mais ne pas honorer tes parents, tes proches, autant qu'il t'honore. **Le vrai amour ne fait pas d'échelle entre le bien-aimé, la bien-aimée et sa parenté. Toute personne qui aime une fille sans aimer ses frères et sœurs ne l'aime pas, mais la désire. C'est un chien enragé à la recherche d'une chienne en chaleur.** Il faut éviter ce genre de brigand sur son chemin. Malheureusement, beaucoup de jeunes filles et de jeunes garçons à la quête irrésistible de l'âme sœur tombent résolument dans ce piège. *Je prie que le Seigneur te délivre* *de l'erreur. Que le Seigneur te délivre de l'erreur ! Car il ne faut jamais mettre la charrue avant les bœufs. Soit délivré de l'erreur. Amen !*

Etape 8 : Ce qui vient après : l'amour papillon

L'amour-éros ou amour effet papillon est un indicateur non négligeable dans un projet d'union. **Il ne sert à rien d'épouser quelqu'un ou quelqu'une que vous verrez comme une grosse vache à lait ou comme un gros hippopotame paresseux quand vous vous lèverez du lit après votre première nuit de noce.**

Dans les Saintes-Ecritures, en dehors du service, Rebecca avait des atouts naturels qui plaisaient à Isaac. Ses atouts naturels visibles : la beauté. Ses atouts naturels invisibles : sa virginité. **Virginité + beauté[5] = Splendeur.** Car dans la splendeur, se logent un mélange de majesté et de pureté. Le majestueux va au-delà du sublime. Quels sont, selon toi, les traits physiques et spirituels de l'être que tu veux épouser ? Qu'est-ce qui fait sa beauté de l'intérieur comme de l'extérieur ? Prends un temps de retraite et note-les sur un bout de papier. Prends de longs moments sur un fauteuil, dans un restaurant ou un lieu calme, face à la mer, penses-y ! Médite sérieusement sur ce sujet.

L'un de mes maîtres en Christ (1 Co 4 : 15), nous avait donné un précieux conseil. Il n'est pas une prescription incontournable, mais c'est un point de vue à prendre très au sérieux : « mes fils n'épousez jamais une femme que vous n'aimez pas. Vous devez trouver votre femme plus belle que

---

[5] . *Rebecca était très belle ; elle était vierge (Gen 24 : 15)*

les autres femmes de la terre, afin de ne point succomber à la tentation, quand Satan essayera de vous corrompre par le peu de beauté de votre partenaire. » L'on peut juger ou ne pas apprécier ce conseil, mais il contient une très grande portion de vérité. Même si la véritable union est basée sur l'amour agapè, la vision et le service, si vous ne vous sentez pas attiré(e) physiquement ou intérieurement par votre partenaire, les risques de trahison conjugale, de désobéissance et de violence conjugale pourront être très élevés à un certain moment dans le mariage. **Même si la beauté physique et intérieure n'est pas l'unique gage d'un mariage réussi, vaut mieux avoir cette clef à son actif que de ne pas l'avoir du tout.** Rassurez-vous que l'homme ou la femme à qui vous dites oui est la plus belle ou le plus beau à vos yeux avant de lui dire oui. Le charme d'un homme ou d'une femme se découvre parfois au fil des mois. Allez voir les couples qui ont plus d'expérience que vous et posez-leur une seule question : « Papa, qu'est-ce qui a fait le charme de maman quand vous étiez jeunes pour que tu t'engages avec elle à vie ? Physiquement ou intérieurement, qu'est-ce qui t'a le plus plu chez maman dans votre jeunesse ? Est-ce la même chose qui te plait le plus dans votre vieillesse ? »

Vous découvrirez certainement que la beauté ou le charme est relative. Elle change avec l'âge. Elle dépend des personnes, des cultures et des traditions, des croyances et même des territoires. Mais il y a un trait commun. En général, l'on se rend à l'évidence que la plupart des couples qui durent le plus longtemps sont les couples qui ont un trait de beauté ou un charme similaire. C'est leur point d'union inébranlable.

Parfois, le garçon vous dira : elle était aussi belle que maman. Car son référent de beauté est sa mère ou sa sœur. Et la fille dira : il fait un peu comme papa. **De manière récurrente, la fille s'attache à la beauté intérieure tandis que l'homme recherche la beauté extérieure.** C'est l'une des raisons pour lesquelles il a été demandé à la femme d'être soumise à son mari et à l'homme d'aimer sa femme. **Ce qui frappe à l'homme en premier ce sont les yeux qui apprécient la beauté de la femme. Ce qui brille chez la femme en priorité c'est le cœur bon, doux et aimant de l'homme.**

Etape 9 : Connaître l'autre avant de lui dire « oui »

Il est écrit : « Or, La vie éternelle, c'est qu'ils te connaissent, toi le seul vrai Dieu et celui que tu as envoyé, Jésus-Christ » (Jn 17 : 3). L'on pourrait aussi dire : « La vie terrestre, c'est qu'il (elle) te connaisse, toi la femme de destinée (l'homme de destinée) et ceux avec qui Dieu l'a envoyé(e) sur terre. Ceci n'est pas une parole d'Evangile encore moins une simple parodie littéraire. **Si vous ne voulez pas souffrir de déception et de chagrin dans le mariage, apprenez à connaître votre partenaire avant de lui dire oui.** . C'est peut-être ce à quoi servirait le temps de pré-fiançailles, apprendre à se connaître.

Dans le jardin d'Eden, Adam a dû apprendre à connaître tous les animaux autour de lui et à les nommer jusqu'à ce qu'il se trouve insatisfait et que Dieu lui attribue quelqu'une qui lui ressemblerait. Adam n'a pas égorgé les animaux. Il a vécu avec eux sans les détruire dans l'optique de les connaître et de les nommer. **Avoir des rapports sexuels avec une jeune fille,**

découvrir son intimité avant le mariage, n'est pas la connaître, mais c'est détruire le temple de son intimité. Si vous aimez votre partenaire, vous conserverez le temple de son corps intact avant le mariage. Si vous vous aimez véritablement, vous vous garderez purs l'un pour l'autre jusqu'au mariage. Toute tentative de caresses, de déshabillage, de pelotage, de masturbation, de pornographie-vision, de fornication ou d'adultère est le fruit de la convoitise et non pas celui de l'amour et de la connaissance de l'autre. Tôt ou tard le fruit de ce péché vous rattrapera dans le mariage par l'adultère, la mort, l'avortement, les violences, les envies et les jalousies, les fausses accusations et parfois même le divorce.

Faites attention à la graine que vous semez après votre rencontre. Fuyez la tentation ! Ne lui résistez pas ! La chair tombe naturellement sous le charme de la beauté de la terre. Il serait très difficile, même à un homme oint, de résister au charme de la plus belle femme du monde, en tenue d'Adam, dansant seul à seul, collé-serré. Il est plus facile pour lui d'empêcher que cette posture n'advienne jamais que de permettre qu'elle arrive dans l'espoir d'y résister vainement.

Revenons au point de départ. **. Il y a la vraie connaissance de l'autre et la fausse connaissance de l'autre : ce que nous enseigne le monde.** L'enfant de Dieu ne connaît pas sa femme avant le mariage. Et si vous avez mal commencé, repentez-vous et engagez-vous à bien terminer. Car la fin d'une chose vaut mieux que son commencement. Et Jésus est prêt à te pardonner si tu renonces au péché sur toutes ses formes et te repens de tes mauvaises voies, même si vous êtes déjà fiancés. **Le sexe est sacré et ne se consomme que dans le mariage et pas en dehors. Pas avant non plus. Même après le mariage, l'a dit Jésus, il n'y a pas de sexe. Car après la vie, l'homme et la femme mariés autrefois deviennent à l'image des anges. Ils ne se connaitront plus.** Analysons le modèle de connaissance biblique de l'autre avant le mariage. Il est écrit : « Quand les chameaux eurent fini de boire, il prit un anneau d'or d'environ six grammes ainsi que deux bracelets d'or pesant chacun plus de cent grammes qu'il passa aux poignets de la jeune fille. Puis, il lui demanda : de qui es-tu la fille ? Dis-le-moi, s'il te plaît ? » (Gen 24 : 22).

Après le temps de votre première rencontre, l'homme qui ne vous aime pas vous demandera où se trouve votre chambre à coucher ou comment faire pour vous avoir sous ses draps. Mais l'homme qui vous aime s'intéressera à vous : vos origines, votre famille, vos activités, vos passions, vos hobbys, vos désirs, votre vision, etc. pour se rassurer que vous soyez sur la même longueur d'onde. En réalité, c'est le signe qu'il est sérieux et qu'il ne veut pas gaspiller son temps et ses spermatozoïdes à une relation qui n'aboutira pas. Il s'intéressera à ton église, le lieu où tu adores, parce qu'il va te connaître et non te détruire. . **La prostituée se livre au premier homme qui paie bien sa journée de rombière. La fille de bonne vie se livre au dernier homme qui finit bien sa soirée de jeune fille.** Voilà deux opposés. Jeune fille ne soit pas une prostituée. Jeune homme ne soit pas un coureur de jupons multicolores ! Apprenez à vous connaître dans le strict respect de votre intimité et de celle de vos familles. Car le corps de ton futur partenaire est le temple du Saint-Esprit.

Le tiens aussi. Offre-lui ce précieux trésor, ta virginité, dans le mariage. Et si tu l'as perdue par le passé, fais-toi à nouveau vierge pour ton nouveau partenaire. Si tu es vierge, il ne sert à rien de perdre ta virginité. Au contraire, si ton passé t'a emmené à connaître plusieurs hommes et qu'il se trouve que ton mari ne soit pas autant performant au lit que ces derniers, les chances que tu retombes dans l'adultère avec un de tes ex ou un autre homme seront élevées. Il en est de même pour l'homme. Vaut mieux ne pas connaître de femme avant le mariage. Car, une fois marié, tu n'auras pas d'autre régime de plantain ou d'autre sac de haricot à manger que celui de ton partenaire. Ce sera impossible de penser à un (e) ex. Car elles n'auront pas existé, si ce n'est dans tes fantasmes. **Le péché de l'adultère a été introduit dans les couples à cause de la grosseur ou de la longueur d'un régime de plantain goûté hors mariage ou à cause de la forme d'un sac de haricot fendu et savouré avant le mariage.** Sois délivré (e) de l'adultère !

Étape 10 : L'engagement

L'engagement est l'étape la plus courte, mais la plus longue en même temps dans le processus du mariage. L'étape finale est la plus courte, parce qu'elle n'est pas compliquée comme les autres étapes. Puisqu'elle n'est que le fruit de la succession des neuf étapes précédentes. Elle n'en est que le découlement. Elle dure quelques mois ou semaines pour les uns, sept à un jour, voire quelques heures ou quelques secondes pour les autres. **L'engagement peut durer une seconde. Une bague ou un bracelet à la main. Un sain baiser.** Tout dépend des us et des coutumes de chaque peuple et de chaque territoire. Pour le cas d'Isaac et de Rachelle, ce fut un bracelet. Dans le cas de mon épouse et moi, ce fut une bague de fiançailles. **Comme dans la bible, la validation finale de l'engagement se fait auprès de la communauté : la famille biologique, la famille civile, l'Etat, puis la famille spirituelle, l'Eglise.** Selon les territoires, l'on peut se marier à l'état civil avant de procéder au mariage coutumier. Dans certaines communautés, le mariage coutumier est inexistant. . **Pour un enfant de Dieu, né de nouveau, le mariage religieux est le plus important. Mais il ne peut être célébré quand la famille et l'Etat n'y ont pas été associés. Ce sont les deux témoins de l'union spirituelle de l'homme et de la femme. Même Jésus avait besoin de deux témoins pour recevoir son baptême de feu au Mont des Oliviers. Le mariage religieux est un baptême de feu qui nous ouvre les portes de l'éternité en couple.** L'engagement est également l'étape la plus longue parce que malgré son temps relativement court, il semble durer toute une éternité, plus longuement que les autres phases de la vie en couple. Après trois ans de mariage avec ma jeune épouse, nous avons eu trois enfants. Mais ces trois années sont presqu'oubliées. J'ai plus en mémoire le temps de nos noces : le mariage coutumier, civil et religieux. Il est plus présent dans mon esprit que les autres moments. D'ailleurs, c'est la raison pour laquelle la majorité des couples immortalisent toujours les photos de leur mariage. . **Le mariage est l'unique premier et dernier instant court et long heureux de la vie sur la terre dont les partenaires pourront s'en souvenir vivants l'un et l'autre avant que la mort ne vienne les séparer.** D'aucuns me diront que c'est l'accouchement, la maladie ou même encore la mort. Ce n'est pas vrai ! Car certaines femmes accouchent seules, loin de leur mari. Dans certains hôpitaux, il est interdit à l'homme d'être présent pendant l'accouchement. Pendant la maladie ou la mort, l'un ou l'autre partenaire peut ne pas être conscient ou dans tous ses sens. Et personne ne souhaiterait avoir pour mémoire un évènement triste ou douloureux chaque jour de sa vie, au risque de mourir de dépression.

Toutes ces injonctions métaphysiques sur le mariage concourent à te faire comprendre qu'il ne faut pas jouer avec l'étape de l'engagement. Lorsqu'Isaac a su que Rebecca était la femme de sa destinée, il n'a pas joué avec son temps ou ses nerfs. Il s'est engagé. Il a signé un contrat de mercato familial pour jouer toute sa vie dans la ligue maritale de son beau-père. Qu'attends-tu pour t'engager ? Combien d'années te faudra-t-il encore pour dire oui à l'homme ou la femme de ta destinée? Quel genre de « diplôme » faut-il encore avoir ? Sois délivré de ta folie ! Va et engage-toi ! N'aie pas peur ! C'est ta saison ! Si tous les neufs points te sont favorables, ou à défaut la majorité, n'hésite pas, engage-toi ! Je te laisse avec quelques prières pour te fortifier. J'attends très bientôt ton témoignage. Ce sera ton ticket d'accès au prochain livre que nous proposerons aux jeunes couples mariés.

2. Prière pour le partenaire idéal

(Pour les célibataires)

Seigneur,

Je veux d'un(e) femme/homme qui sera belle/beau à mes yeux

Même lorsqu'on sera vieux

Je veux toujours l'aimer comme au premier jour

Même si elle/il fane un jour

Je veux la/le trouver aussi belle/beau

Oins donc mes yeux d'un véritable Amour !

Père,

Je cherche une rose qui voudra fleurir

En toutes les saisons : Famille, Ministère, Affaires

Un(e) femme/homme ... (pensez à ses traits de caractères, écrivez-les et présentez-les à Dieu).

Amen !

NB : Quand vous aurez commencé à prier pour l'âme sœur, écrivez-nous pour que notre équipe d'intercesseurs et intercesseuses intercèdent pour vous. Vous pourriez également nous envoyer votre témoignage via cette adresse. ***Courriel : jean2paul.marie@gmail.com***

3. Prière pour la famille à venir

(Uniquement pour les fiancés et nouveaux mariés)

Père, je te rends grâce pour le don de la vie. Merci de m'avoir façonné depuis le ventre de ma mère et de m'avoir gardé en vie jusqu'à présent. Maintenant, Ô Père, entre tes mains, je dépose mon avenir, l'avenir de ma bien-aimée (de mon bien aimé), celui de nos familles d'origine et celui de notre semence.

Père, je me consacre à toi, tel que je suis, tout ce que j'ai et tout ce que je possèderai ; ce que je suis et ce que tu feras de moi. Je te consacre ma bien-aimée (mon bien-aimé), [son nom], ce qu'elle/ il est et ce qu'elle/il sera, ce qu'elle/il possède et ce qu'elle/il possèdera. Visite ses entrailles, purifie-là/le, afin qu'elle/il devienne la mère/le père et l'épouse/l'époux que tu désires.

Père, ensemble nous nous consacrons à toi, nos projets, notre famille, nos enfants, leurs projets et leur semence. Abba, nous te présentons tes fils et tes filles. Façonne-les, fais-les passer de ton Royaume à notre terre. Ainsi soit-il !

NB1: Si vous souhaitez vous engager dans le mariage, nous pouvons mettre à votre disposition une fiche qui vous permettra d'évaluer votre « c » check. N'hésitez pas à nous exprimer votre besoin. Cherchez, vous trouverez. Demandez, on vous donnera.

NB2 : Si vous vous êtes déjà marié(e), mais vous vivez un enfer dans votre couple, vous avez l'impression que vous vous êtes trompé(e) de conjoint(e) ? Vous êtes tenté(e) de divorcer ? Ecrivez-nous, nous allons prier et intercéder pour vous. Mais aussi, nous allons vous accompagner.

Tu as été béni(e) par ce message, partage-le ! Sauve des vies !

Post-face

Tu es arrivé (e) à la fin de l'ouvrage ? Merci d'avoir effectué ce court voyage avec moi. Peut-être devrais-tu commencer toi aussi un autre voyage, seul(e) vers ta destinée véritable, à partir de cette lecture ? En réalité, ce livre au départ n'était pas un ouvrage. Il est le fruit de ma soif pour la quête de la vérité, de mon zèle pour l'Evangile, de mon amour pour Dieu et les familles enracinées en Christ. Ceci ne sera pas le premier ou le dernier ouvrage sur le mariage. Il ouvre simplement une série de livres sur l'union conjugale, la vie avant le mariage et la vie après le mariage, au cas où il y a un départ ou un divorce. Le pasteur Binyou[6], dont le nom d'auteur est Jean-Paul Marie, organise régulièrement des séminaires de préparation au mariage. Ces séminaires ont été bénéfiques pour la formation du premier couple missionnaire conduit aux noces dans le cadre de ses trois premières années du ministère sous service (2020-2023). Il utilise également une méthode de travail scientifique pour la préparation des couples au mariage. Le

---

6 . https://web.facebook.com/samuel.binyou/

pasteur Binyou s'exprime en anglais et en français et peut accompagner toute personne désireuse de s'engager au mariage ou qui vit dans un foyer séparé ou brisé. Ne garde pas cet ouvrage pour toi. Partage-le avec quelqu'un qui serait dans le besoin. L'ouvrage est essentiellement indiqué pour les célibataires et les couples qui ont commencé leur vie maritale sans Jésus-Christ. Dieu vous bénisse et vous restaure!

À LIRE ABSOLUMENT

(Du même auteur)

1. *Comment communier avec Dieu ?, Belle-Porte, 2023*
2. *Horloge d'orient, Belle-Porte, 2023*
3. *Oraisons de l'esclave, Belle-Porte, 2023*
4. *Oraisons du disciple, Belle-Porte, 2023*
5. *Oraison du compagnon, Belle-Porte, 2023*
6. *L'Envers & L'endroit, Belle-Porte, 2023*
7. *L'Exode ou la vocation, Croix du Salut, mars 2022*
8. *Lettres paysannes, Croix du Salut, juillet 2019*
9. *L'Ecriture de l'exil, PUE, Septembre 2018*
10. *Errances juvéniles, Edilivre, février 2015*

Si vous souhaitez, personnellement contacter l'auteur pour des questions, un suivi ou un mentorat :

BP : 139. Dschang, Cameroun.

Page Facebook : Pastor Samuel Binyou
(https://web.facebook.com/samuel.binyou/)

WhatsApp : (+237) 690 25 05 52

E-mail : *jean2paul.marie@gmail.com*

Web : *www.samuelbinyou.com*

Printed by Books on Demand GmbH, Norderstedt / Germany